Reiseführer Nordeifel
Die schönsten Ausflugsziele in der Nationalpark-Region

Bruni Mahlberg-Gräper/Jürgen Gräper

Reiseführer
Nordeifel

Die schönsten Ausflugsziele in der Nationalpark-Region

160 Orte mit Nationalpark Eifel und Vogelsang

J.P. Bachem Verlag

Bildnachweis:
Alle Fotos
© Jürgen Gräper und
Bruni Mahlberg-Gräper
außer:
S. 60: Erich Schell,
Gemeinde Blankenheim
S. 66 unten:
Flugplatz-Gesellschaft
Dahlemer Binz GmbH
S. 67: Luftsportfreunde
Dahlemer Binz
S. 99: Andrea Wegener
Grafik hintere Innenklappe: Serviceagentur
Vogelsang

Titelbild oben (v.l.):
Haushecke in Simme-
rath-Steckenborn, an
der Burg Vogelsang,
Eifeler Hügelland
Titelbild unten:
St. Brigida Kapelle in
Dahlem-Kronenburger-
hütte an der Kyll
Umschlagrückseite:
Ausblicke ins Eifel-
land: über die Burg
Vogelsang (o. l.), von
der Hirschley über den
Rursee (o. r.), auf dem
Marktplatz von Euskir-
chen (u. l.), zu einer
kleinen Burg bei Bad
Münstereifel-Arloff

Die Autoren

Bruni Mahlberg-Gräper, M. A., ist Journalistin und Buchautorin. Sie studierte Germanistik, Soziologie und Theater-, Film- und Fernsehwissenschaften. Als Redakteurin arbeitet sie in der Eifel und in Köln. Ihre Themenschwerpunkte sind Kultur und Tourismus.

Jürgen Gräper, geboren in Duisburg, ist Journalist und Buchautor. Als Redaktionsleiter war er viele Jahre in der Eifel tätig. Daneben arbeitet er als Moderator mit den Themenschwerpunkten Tourismus und Politik.

Alle Daten und sonstige Informationen im vorliegenden Buch sind mit größter Sorgfalt recherchiert und zusammengestellt worden. Autoren und Verlag können jedoch keine Gewähr oder Haftung für eventuelle Änderungen oder Fehler übernehmen. Sollten sich dennoch falsche Angaben eingeschlichen haben, wären wir für einen Hinweis dankbar.

Bibliografische Information Der Deutschen Bibliothek –
Die Deutsche Bibliothek verzeichnet diese Publikation in der Deutschen Nationalbibliografie; detaillierte bibliografische Daten sind im Internet über http://dnb.ddb.de abrufbar.

1. Auflage 2008
© J. P. Bachem Verlag, Köln 2008
Redaktion und Lektorat: Frauke Severit, Köln
Einbandgestaltung und Layout: Heike Unger, Berlin
Karten: Thomas Vogelmann, Mannheim
Reproduktionen: Reprowerkstatt Wargalla GmbH, Köln
Druck: Grafisches Centrum Cuno, Calbe
Printed in Germany
ISBN 978-3-7616-2187-5
www.bachem.de

INHALT

Reizvolles Land mit magischen Orten — 9

Nationalpark Eifel — 12
Den Geheimnissen der Natur auf der Spur — 12
Natur Natur sein lassen — 15
Die Angebote des Nationalparks — 17
In der Kinderstube der Buchen — *21*
Von Waldgeheimnissen und Lebensadern der Natur –
die Nationalpark-Tore Gemünd, Heimbach, Höfen und Rurberg — 22

Vogelsang — 24
Von der NS-Kaderschmiede zum friedlichen Lernort — 24
Stichworte (Ordensburg, Junker, Schulung, Rassenideologie) — *26*
Vogelsang erkunden — 28
Wollseifen – das tote Dorf — *31*
Der Westwall – Mahnmal und Biotop — *32*

Die Städte und Gemeinden rund um den Nationalpark und Vogelsang — 34

Bad Münstereifel — 36
Romantik im Tal, Dörfer-Hüpfen auf der Höhe — 36
Interessante Orte rundum — 46
Himmelsohren — *46*
Der Decke Tönnes — *49*

Blankenheim — 51
In einem Keller entspringt die Ahr — 51
Hightech aus dem Mittelalter — *54*
Interessante Orte rundum — 58

Dahlem — 64
Künstlernest mit Freizeit-Flughafen — 64
Interessante Orte rundum — 66
Dahlemer Binz — *67*

Euskirchen	**72**
Aufschwung seit der Kaiserzeit	72
Abstraktes und ein Sparschwein	*77*
Interessante Orte rundum	82
Eine Tuchfabrik à la 1900	*86*
Heimbach	**89**
Klassik im Kraftwerk und schweigende Mönche	89
Interessante Orte rundum	94
Strohdachdecker kaufte Gnadenbild	*95*
Hellenthal	**96**
Narzissenwiesen und ein Hexenturm	96
Interessante Orte rundum	99
Rückkehr der kleinen Wilden	*99*
Die Grube Wohlfahrt	*102*
Hürtgenwald	**105**
Kaum ein Haus ist älter als 60 Jahre	105
Interessante Orte rundum	107
Eine Spur von Menschlichkeit	*111*
Wo Hoesch Eisen hämmerte	*112*
Kall	**113**
1.000 Jahre Klosterkultur und 2.000 Pingen im Wald	113
Interessante Orte rundum	116
Der Mönch von Steinfeld	*119*
Kreuzau	**121**
Wo Lachse sich am Fenster zeigen	121
Interessante Orte rundum	123
Fürstin in Honig	*125*
Mechernich	**126**
Urzeit trifft schöne neue Welt	126
Interessante Orte rundum	129

Reizvolles Land mit magischen Orten

Mit dem Nationalpark und Vogelsang besitzt die Nordeifel ein einmaliges Ensemble. Wer die Anziehungspunkte aus Natur und jüngerer Geschichte gesehen hat, ist gespannt auf die Umgebung. Und die bietet viel: Die Eifel ist ein altes Kulturland, sie war Durchzugsgebiet vieler Völker. Nach den Neandertalern hinterließen Kelten, Römer und Franken ihre Spuren – und alle, die nach ihnen kamen. Die Burgen, die sich Ritter und Gutsherren im Mittelalter bauten, die Schlösser und Kirchen berichten aus guten und schlechten Zeiten. Gleiches gilt für die Industrialisierung, die ihre eigene Kultur schuf und Einblick in das Leben der Menschen bietet. Textilherstellung, Bergbau und Eisenverhüttung sowie die Energie-Erzeugung rund um die Eifeler Seenplatte liefern Beispiele dafür.

Heutzutage gewinnt das Entdecken der kulturhistorischen Traditionen immer mehr an Bedeutung. Dabei besitzt die Eifel den Charme der Zurückhaltung. Nichts drängt sich auf, dennoch ist reiche Fülle vorhanden. Fast alles ist erforscht, aber längst nicht alles schon beschrieben und besucht. Deshalb hält die Eifel noch Überraschungen bereit und jede Menge Plätze, die erkundet werden wollen. Es gibt magische Orte, die über ihre physische Gegenwart hinaus Reize setzen und die Gedanken wandern lassen. Für das Lebensgefühl der Besucher ist wichtig: Rund um den Nationalpark entfaltet die Nordeifel rege Betriebsamkeit und viel Gastlichkeit.

Lassen Sie sich auf eine Reise in diese Region einladen.

Bruni Mahlberg-Gräper und Jürgen Gräper

Waldwiese nahe dem römischen Tempel bei Bad Münstereifel-Nöthen

INHALT

Der Riese Kakus	*130*
Für Bruder Klaus Beton gestampft	*138*
Monschau	**139**
Industriekultur und hohe Hecken	139
Färber standen im kalten Wasser	*141*
Interessante Orte rundum	146
Nettersheim	**151**
Wo die Natur spannende Geschichten erzählt	151
Die Teufelsader	*153*
Der Naturpark Hohes Venn-Eifel	*156*
Interessante Orte rundum	158
Eifeler Wurzeln des Eiffelturms	*160*
Nideggen	**162**
Feudales Lebensgefühl auf roten Felsen	162
Interessante Orte rundum	166
Biologie im Bahnhof	*167*
St. Mokka fängt die Sonne ein	*169*
Roetgen	**172**
Deutsch-belgisches Ambiente	172
Schmugglerpfade	*175*
Interessante Orte rundum	175
Schleiden	**177**
Im Tal der Eisenhämmer	177
Auf Eisen-Pfaden	*179*
Interessante Orte rundum	182
60 Jahre ungestört: der Urftsee	*184*
Simmerath	**187**
Winkelhöfe und schicke Jachthäfen	187
Der Rursee	*189*
Interessante Orte rundum	190

Inhalt

Zülpich	**196**
Luxus im Römerbad und Spaß am See	196
Badekultur im Rheinland	*199*
Interessante Orte rundum	201
Service	**205**
Touristische Informationen	205
Lage und Klima	205
Unterkunft	205
Unterwegs mit Kindern	206
Eifel-Blicke	208
Unterwegs als Wanderer	208
Der Eifelverein	*209*
Unterwegs als Radfahrer	209
Golf	210
Reiten	210
Eifel barrierefrei	210
Regionale Küche	210
Einkaufen und Souvenirs	211
Öffentlicher Nahverkehr	211
Wo ist was los im Jahresverlauf?	211
Sach- und Ortsregister	213
Namensregister	215
Literaturangaben	216

Blick vom Vogelsang-Turm über den Kermeter

KONTAKT:
**Nationalparkforstamt Eifel, Urftseestr. 34, 53937 Schleiden-Gemünd,
Tel.: 0 24 44/95 10-0,** www.nationalpark-eifel.de

NATIONALPARK EIFEL

Den Geheimnissen der Natur auf der Spur

S. 10f: Die Nordeifel lockt mit einer abwechslungsreichen Flora und Fauna.

Der erste Nationalpark in Nordrhein-Westfalen wurde im Jahr 2004 in der Eifel gegründet. 110 Quadratkilometer bilden ein Großschutzgebiet, in dem sich die Tier- und Pflanzenwelt ungestört entwickeln kann. Der Nationalpark Eifel charakterisiert Lebensräume der nördlichen Eifel. Dazu gehören Laubwälder, Quellgebiete, Bachtäler, Felsbildungen und Offenlandbiotope. Als schützenswert gelten über 460 gefährdete Tier- und Pflanzenarten.

Der Nationalpark Eifel wurde aus zwei Arealen gebildet: dem Kermeter, dem größten geschlossenen Buchenwaldgebiet Nordrhein-Westfalens, und dem ehemaligen Truppenübungsplatz Vogelsang, der 60 Jahre lang als Sperrgebiet nicht betreten werden durfte. So widersprüchlich es im ersten Moment auch klingt: Panzerketten und Maschinengewehrfeuer haben in den 4.200 Hektar Sperrgebiet die Artenvielfalt nicht eingeschränkt, sondern eher gefördert, weil nur ein Fünftel der Fläche des Truppenübungsplatzes militärisch genutzt wurde.

Entstanden ist ein Reservat mit außergewöhnlicher Flora und Fauna. Wildkatzen jagen in Wald und Wiesen, Biber bauen ihre Burgen an idyllischen Flussläufen, Kormorane gehen in sauberen Gewässern auf Fischfang und trocknen ihr Gefieder auf den Felsen im Urftsee, Uhus und sogar Schwarzstörche brüten. Rothirsche am helllichten Tag zu beobachten ist keine Seltenheit. Zuverlässige Freunde der Wanderer sind Mauereidechsen, die sich auf warmen Felshängen sonnen. In den Wäldern und Bachtälern wachsen noch viele an anderer Stelle vom Aussterben bedrohte Pflanzen. Etwas Besonderes ist auch die Blumenvielfalt, die im Frühling im Mischwald aufblüht, bevor sich das Blätterdach schließt.

Eine Garantie, bestimmte Tiere zu sehen, gibt es nicht, schließlich ist der Nationalpark ein Schutzgebiet für die Natur und kein Zoo. Aber sie hinterlassen Spuren, die man lesen kann: Fußabdrücke von Hirschen am Seeufer, von Bibern gefällte Bäume an Bachläufen, Spechthöhlen in den Bäumen, von Wildschweinnasen aufgepflügte Wegränder, Fährten von Rehwild im Schnee. Lebendig wird es in der Dämmerung im Nationalpark, wenn menschliche Besucher das Terrain verlassen haben. Dann gehen die nachtaktiven Geschöpfe auf die Jagd.

Empfangen werden Nationalpark-Besucher in vier **Nationalpark-Toren**. Dort gibt es Informationen und unterschiedliche Ausstellungen, die Augen und Ohren öffnen für die Geheimnisse der Natur. Nationalpark-Tore befinden sich in Schleiden-Gemünd, Heimbach, Simmerath-Rurberg und Monschau-Höfen (s. S. 22f). Ein weiteres soll in Nideggen

Küchenschelle auf dem Kalvarienberg in Blankenheim-Alendorf

Durch die Kronen der Buchen schimmert die Sonne auf den Waldboden im Kermeter.

entstehen. Außerdem wurden zahlreiche **Info-Punkte** an zentralen Stellen eingerichtet, die vielfältiges Material bereit halten. 40 **Ranger** sind als Natur- und Landschaftspfleger ständig im Wald unterwegs. Sie kontrollieren alle Bereiche, arbeiten in der Umweltbildung und sind Ansprechpartner für Waldbesucher.

Aufgabe des **Nationalparkforstamtes** mit Standorten in Gemünd und Vogelsang ist es, die Natur vor schädlichen Einflüssen zu schützen, ihre Ursprünglichkeit zu bewahren und zu vermitteln, welche ökologischen und biologischen Schätze die Wälder, Täler und Seen beherbergen.

Natur Natur sein lassen

Der Naturschutz steht wie in allen Nationalparks unter dem Motto „Natur Natur sein lassen". Das bedeutet: Von außen sollen möglichst wenige Eingriffe in die natürlichen Lebensräume vorgenommen werden. Im Großschutzgebiet soll wieder ein Urwald entstehen. Um dies zu beschleunigen, werden Fichten aus den Laubwäldern entfernt, die dort zur forstwirtschaftlichen Nutzung in Plantagenform angepflanzt wurden. Gleichzeitig haben Forstwirte Bucheckern gesammelt und mitten im Wald in Schutzgattern ausgesät. Mehr als 100.000 junge Buchen wurden schon ausgepflanzt (s. S. 21).

Biber hinterlassen deutliche Spuren im Heimbachtal.

Um Schäden an Pflanzen durch Überpopulationen von Wild zu vermeiden, wird im Nationalpark zu bestimmten Zeiten auch gejagt. Dabei geht es allerdings nicht um Trophäen. Die Wildhüter übernehmen nur die Rolle von Bären oder Wölfen, die früher einmal für das natürliche Gleichgewicht im Wald gesorgt haben. Sie jagen auch ähnlich, wie es die natürlichen Feinde der Waldbewohner tun würden: Sie töten nur schwache und junge Tiere. Um angrenzenden Privatwaldbesitz nicht zu schädigen, wird die Ausbreitung von Borkenkäfern am Rande des Nationalparks eingeschränkt. Auch Wissenschaftler arbeiten im Nationalpark. Sie erforschen

Zunderschwämme zeigen die Schwäche eines Baumes an. Früher waren sie als Brennmaterial begehrt.

zum Beispiel die Lebensweise der Wildkatzen oder die Wanderbewegungen des Rotwildes zwischen Eifel und Ardennen. Im Nationalpark sind aber darüber hinaus auch vierbeinige Mitarbeiter tätig: Rund 4.000 Schafe, ein paar Ziegen und ein Esel weiden von April bis September auf der **Dreiborner Hochfläche**. Sie halten artenreiches Grünland und Ginsterheiden frei und schützen damit den Lebensraum seltener Tier- und Pflanzenarten. Dort leben zum Beispiel Neuntöter und Warzenbeißer – eine gefährdete Heuschreckenart, der man nachsagt, ein Sekret zu produzieren, das Warzen beseitigt. Man kann Greifvögel bei der Jagd beobachten, und auch scheue Besucher wie der Rothirsch und die nachtaktive Wildkatze suchen dort Nahrung.

Im Gegensatz zum Obersee und zum Rursee, auf dem Schiffe verkehren, bleibt der **Urftsee** (s. S. 184) der Natur überlassen. Nur eine für Fußgänger und Radfahrer ausgelegte filigrane Hängebrücke mit einer Spannweite von 300 Metern soll ab 2009 das Plateau unterhalb von Vogelsang mit dem Kermeter-Ufer verbinden.

Verhalten im Nationalpark: Gäste müssen die Natur respektieren. Sie dürfen die ausgewiesenen Wanderwege nicht verlassen und nichts aus dem Gebiet mitnehmen, weder Tiere noch Pflanzen. Es gilt Rauchverbot, und Hunde müssen an die Leine. Die Ranger haben eine sportliche Methode gefunden, Besucher an diese Gebote zu erinnern: Sie zeigen ihnen notfalls eine gelbe Karte.

Die Angebote des Nationalparks

Um die Natur als Erholungs- und Erlebnisraum kennenzulernen, hält der Nationalpark Eifel eine Vielzahl von Angeboten bereit.

Ranger-Touren: Jede Woche gibt es drei regelmäßig stattfindende Touren, bei denen man Ranger kostenlos begleiten kann. Die **Hirschley-Route** (6,5 km, sonntags ab 13 Uhr vom Parkplatz Paulushof/Kermeterhöhe) ist die leichteste Strecke. Sie ist auch für Kinderwagen und Rollstuhlfahrer geeignet. Die **Kloster-Route** (ca. 9 km, freitags um 11 Uhr, steil und anspruchsvoll) beginnt in Heimbach. Die **Vogelsang-Wollseifen-Route** (sonntags ab 13 Uhr, ca. drei Stunden, kurze Anstiege) startet in Vogelsang. Kombi-Führungen beginnen an der ehemaligen Nazi-„Ordensburg" Vogelsang (11.30–12.15 Uhr) und führen anschließend über die Dreiborner Hochfläche (13–16 Uhr). Sie werden im Juli und August zusätzlich auch in französischer und niederländischer Sprache begleitet.

Ranger-Treffs: Strecke und Dauer der Wanderung bestimmen die Teilnehmer selbst. Man startet: dienstags 14 Uhr ab Parkplatz Wahlerscheid; mittwochs 14 Uhr ab Parkplatz Mariawald; freitags 11 Uhr ab Spielplatz Erkensruhr; samstags 11 Uhr ab Nationalpark-Tor Rurberg

Wegweiser bei Schleiden-Morsbach nahe dem Eifel-Blickpunkt Modenhübel

Die Angebote des Nationalparks

Oben: Blick vom Urftseeradweg auf Burg Vogelsang

Unten: Belgische Kaltblüter ziehen die Planwagen zwischen Vogelsang und Wollseifen.

und 10.30 Uhr ab Nationalpark-Tor Gemünd. Die Teilnahme ist kostenlos.

Waldführungen und Familientage: Jeden vierten Samstag im Monat gibt es eine Führung zu jahreszeitlichen Themen, beispielsweise die Wanderungen zum „Konzert der Hirsche" im Herbst. Gruppen können zudem für eine geringe Aufwandsentschädigung einen der 180 ausgebildeten ehrenamtlichen Waldführer buchen. Führungen durch den Nationalpark werden angeboten in acht Sprachen sowie in Gebärdensprache.

Im Nationalpark gibt es auch **barrierefreie Angebote** (s. S. 210). Dazu wurden Ranger im Umgang mit behinderten Menschen geschult. An jedem ersten und dritten Sonntag im Monat starten **Kutschen** mit kräftigen Kaltblütern am Adlerhof auf Vogelsang zur Fahrt über die Dreiborner Hochfläche zum verlassenen Dorf Wollseifen (s. S. 31). Die Kutschen können auch Rollstühle mitnehmen. In der barrierefreien **Wildniswerkstatt Düttling** führen Ranger Schüler an die Natur heran. Zum Haus gehört ein 100 Hektar großes Waldgebiet. Das **Jugendwaldheim Urft** organisiert Waldkunde-Wochen für Schüler.

Der Nationalpark Eifel bietet über die regelmäßigen Angebote hinaus noch vielfältige **Programme für Individualisten und Gruppen** an. Selbst bei Nacht werden gelegentlich Führungen organisiert.

Informationen: Auskünfte und kostenlose Veranstaltungskalender mit jährlich rund 600 Führungen, Familientagen und umweltpolitischen Veranstaltungen sind erhältlich beim Nationalparkforstamt Eifel, Tel.: 0 24 44/95 10-0 oder über www.nationalpark-eifel.de. Dort kann man auch individuelle Programme buchen.

DIE ANGEBOTE DES NATIONALPARKS

NATIONALPARK EIFEL

Auf eigene Faust kann man den Nationalpark zu Fuß oder mit dem Fahrrad erkunden. Zusammen mit dem Eifelverein wurden rund 240 Kilometer Wanderwege ausgewiesen, 104 Kilometer Radwege und parallel dazu 65 Kilometer Reitspuren. Fünf **Themenrouten** sind beschildert. Sie widmen sich folgenden Schwerpunkten:

T 1: Biber, Bäche, Eichenwälder (ab Nideggen-Schmidt, Parkplatz Am Scheidbaum, 10 und 16 km),

T 2: Buchenhallen und Eichenhänge (ab Staudamm Schwammenauel, 7,5 und 14,5 km),

T 3: Schieferbrüche und Fledermäuse (ab Erkensruhr, Parkplatz Hirschrott, 9,5 und 14,7 km),

T 5: Orte der Kraft (ab Abtei Mariawald, 4,5 und 11,5 km),

T 7: Auf verschlungenen Pfaden (ab Nationalpark-Tor Gemünd, 4,5 und 11,5 km).

Weitere Touren sind beschrieben in ThemenTouren, Bd. 1 und 2, Bachem Verlag *(Auskunft: www.nationalpark-eifel.de).*

Der **Wildnis-Trail** von Höfen über Einruhr und Gemünd nach Heimbach begeistert Wanderer, die sich gern fordern. Das Programm sieht vor, 85 Kilometer an vier Tagen zurückzulegen. Der stilisierte Kopf einer Wildkatze markiert den Weg.

Loipen: Für Ski-Langläufer werden im Winter zwei rund fünf Kilometer lange Rundwege gespurt. In die Loipen steigen kann man an den Waldparkplätzen Wahlerscheid und Rothe Kreuz an der B 258 zwischen Schleiden und Monschau-Höfen.

Förderverein: Der Nationalpark Eifel findet in der Bevölkerung der anliegenden Gemeinden große Zustimmung. Seit 2004 beschäftigen

In der Urft am Kurpark von Gemünd lassen sich Forellen beobachten.

Oben: Ginster wird poetisch als Eifelgold bezeichnet.

Unten: Ranger führen Wanderer zum Aussichtspunkt Hirschley über dem Rursee.

sich verschiedene Arbeitskreise damit, die Aspekte des Naturschutzes, aber auch die wirtschaftliche Bedeutung des Nationalparks überregional publik zu machen. Dabei wirken auch besonders geschulte Botschafter ehrenamtlich mit. Außerdem erstellt der Förderverein nationalparkverträgliche Vorschläge für die Nutzung von Vogelsang. Um Lust auf den Nationalpark zu machen, schickt er das Umwelt-Infomobil Fagabundus auf Achse, dessen Name sich aus fagus = Buche und Vagabund zusammensetzt. Der zehn Meter lange Bus ist mit PC, verschiedenen Medien und Infomaterial bestückt *(Termine unter www.fagabundus.de)*. **Kontakt**: Förderverein Nationalpark Eifel, Kurhausstr. 6, 53937 Schleiden-Gemünd, Tel.: 0 24 44/91 48 82, *www.foerderverein-nationalpark-eifel.de*.

IN DER KINDERSTUBE DER BUCHEN

Buchen sind die Charakterbäume des Nationalparks.

Buchen sind die Charakterbäume des ersten Nationalparks in Westdeutschland. Dass auf einem Teil der Flächen dennoch Fichten wachsen, hat historische Gründe. Die Preußen forsteten ab 1815 die kahlen Höhen des Kermeters auf, weil dort für die Eisenindustrie viel Buchenholz in den Meilern der Köhler verkokelt war. Außerdem hatte Schiffelwirtschaft (Ackerbau im Wald) den Boden ausgelaugt. Schnell wachsende Fichten sollten die erste Generation im neu angelegten Wald darstellen und waren als Bauholz-Lieferanten ein willkommener Wirtschaftsfaktor. Dass anschließend trotzdem keine Laubbäume hoch kamen, lag an den Schlachten der Ardennoffensive, in der 1944/45 Tausende Hektar Wald zerschossen wurden. Auch nach diesem Kahlschlag wurden zunächst wieder Fichten gepflanzt.

Ziel ist es, den Urzustand des Kermeters mit rund 90 Prozent Buchen samt dazu gehörender Fauna und Begleitvegetation wieder zu erreichen. Weil das aber 400 bis 500 Jahre dauern würde, wenn man die Flächen sich selbst überließe, helfen die Forstleute nach: Mit Netzen und Tüchern ernten sie tonnenweise Bucheckern und säen einen Teil wieder aus. Damit sich Wildschweine und Rehe nicht darüber hermachen, legen Waldarbeiter Hordengatter an: Areale von rund 1.000 Quadratmetern Fläche, die man mit zwei Meter hohen Holzzäunen absperrt. Sechs Kilogramm Baumsamen kommen pro Gatter in die Erde – rund 21.000 Bucheckern. Die Fichten rundum schützen die Kinderstube der Buchen mit ihren Kronen. Erst wenn die kleinen Buchen kräftig genug sind, werden die Nadelbäume aus dem Buchenwald herausgenommen. Die stärksten Buchen setzen sich am Ende durch.

In Monschau-Höfen informiert das Nationalpark-Tor über Waldwandel und Talwiesen.

Von Waldgeheimnissen und Lebensadern der Natur
– die Nationalpark-Tore Gemünd, Heimbach, Höfen und Rurberg

Nationalpark-Tore sind Ausgangspunkte für Ausflüge ins Eifel-Reservat. Sie sind barrierefrei angelegt und bieten auch für sehbehinderte Besucher Möglichkeiten. In allen Nationalpark-Toren gibt es nicht nur Informationen über den Nationalpark, sondern auch über die umliegenden Orte. Die Nationalpark-Tore sind täglich von 10 bis 17 Uhr geöffnet *(Tel.: 0 24 44/95 10-0, www.nationalpark-eifel.de)*.

Das **Nationalpark-Tor Gemünd** *(Tel.: 0 24 44/20 11)* liegt direkt gegenüber dem Kurhaus. Mitten in der Ausstellung „Knorrige Eichen, bunte Spechte und Waldgeschichte(n)" ist ein begehbarer Kohlenmeiler aufgebaut. Rundum erläutern Skizzen, wie Menschen den Wald genutzt haben, um Holzkohle zu gewinnen. In einer raumhohen Waldszene entdeckt man große und kleine Tiere. Auf Knopfdruck kann man Tierstimmen anhören, und hinter Klappen und Türchen lassen sich Entdeckungen in der Natur vorwegnehmen. Wer in eines der Mikroskope blickt, wird staunen, wie wunderbar zum Beispiel Insektenbeinchen aussehen. Vor allem aber machen Filme Lust darauf, die Natur und Landschaft des Nationalparks mitsamt seinen Erlebnismöglichkeiten kennenzulernen.

Das **Nationalpark-Tor Heimbach** *(Tel.: 0 24 46/80 57 90)* wurde praktischerweise im Bahnhof untergebracht. „Waldgeheimnisse" heißt die Ausstellung, deren Leittier die Wildkatze ist. Ein wenig fühlt man sich bei der spannenden Erkundungstour in den dunklen Gängen wie in einem Labyrinth. Die gewölbten Wände tragen riesige Waldfotos. Durch Öffnungen kann man in Tasthöhlen hineinfassen. Mutige dürfen Präparate „begreifen", zum Beispiel Holz oder künstliche Hirschzungen. Wie in einem Hörspiel

VON WALDGEHEIMNISSEN UND LEBENSADERN DER NATUR

werden dazu Hintergrundinformationen gegeben. Bei der Suche nach Lösungen für „Zweifel-Geschichten" können große und kleine Besucher auf spielerische Weise zeigen, wie gut sie sich in der Natur auskennen.

Im **Nationalpark-Tor Höfen** *(Tel.: 0 24 72/802 57 79)* werden Besucher mit Worten des Dichters Franz Kafka (1883–1924) empfangen: „In den Wäldern sind Dinge, über die nachzudenken, man jahrelang im Moos liegen könnte." „Waldwandel" und „Talwiesen" lauten die Themen der Ausstellung auf drei Etagen. Ein Bodenleitsystem aus Kieselsteinen führt durch die ehemalige Molkerei. Nachgebildete Gebisse von Hund und Fuchs, Wildschwein und Hirsch liegen zum Vergleich bereit. Man erfährt etwas über die Strategie von Buchdrucker-Käfern, die erst durch Duftstoffe Artgenossen anlocken, sich dann in „Rammelkammern" paaren und vermehren, um schließlich zu Zehntausenden Fichten zu befallen. Ein Film zeigt Waldarbeit mit Rückepferden. Man darf das borstige Fell eines Wildschweins streicheln oder einen flauschigen Fuchspelz erfühlen. Die Nase ist gefordert bei Proben von Baldrian, Waldmeister und Veilchen oder Johanniskraut, Arnika und Narzisse. Und wie vielfältig der Bärwurz genutzt werden kann, wird auch verraten: als Heilmittel für die Leber oder als Grundstoff für einen aromatischen Kräuterschnaps.

Das **Nationalpark-Tor Rurberg** *(Tel.: 0 24 73/ 937 70)* liegt unmittelbar am Ufer der Rurtalsperre. Logisch, dass hier die „Lebensadern der Natur", also die Gewässer, vorgestellt werden. Man lernt unter anderem die zweigestreifte Quelljungfer kennen oder den Großen Uferbold. Und wer hätte schon gedacht, dass es in den Gewässern der Eifel einmal jede Menge Perlmuscheln gab und so viele leckere Edelkrebse, dass man sich an manchen Stellen ohne festes Schuhwerk kaum ins Wasser trauen konnte? Noch ein Tipp am Rande: Ins kühle Nass kann man gleich neben dem Nationalpark-Tor Rurberg auch selbst eintauchen. Der Eintritt ins idyllische Naturschwimmbad in einer abgeteilten Ecke des Stausees ist frei.

Oben: In den Bahnhof Heimbach zog das Nationalpark-Tor mit seinen Waldgeheimnissen.

Unten: Die Welt unter Wasser wird im Glaskubus des Nationalpark-Tors in Rurberg gezeigt.

Blick vom Turm über den Adlerhof mit der Kaserne Van Dooren im Hintergrund

KONTAKT:
Serviceagentur Vogelsang, Forum Vogelsang, 53937 Schleiden,
Tel.: 0 24 44/9 15 79-0, www.vogelsang-ip.de
Vogelsang ist mit dem Pkw sowie per Buslinien oder mit dem Nationalpark-Shuttle erreichbar. Öffnungszeiten Gelände: Sommer täglich 8–20 Uhr, Winter täglich 10–17.30 Uhr; Forum täglich 10–17 Uhr

Vogelsang

Von der NS-Kaderschmiede zum friedlichen Lernort

Mitten im Nationalpark Eifel liegt die ehemalige Nazi-„Ordenburg" Vogelsang, die komplett unter Denkmalschutz steht. Sie wurde als Schulungsstätte für den Führungsnachwuchs in der NSDAP vom Kölner Architekten Clemens Klotz geplant. 1934 legten die Nationalsozialisten auf der Hochebene nahe Schleiden-Gemünd oberhalb des Urftsees den Grundstein. Von der ursprünglich geplanten monumentalen Anlage wurde kriegsbedingt nur ein Drittel verwirklicht. Nicht mehr gebaut wurden ein gigantisches „Haus des Wissens", ein „Kraft-durch-Freude"-Hotel sowie zusätzliche Sportanlagen, zum Beispiel ein Hallenbad mit 200-Meter-Bahnen. Um die Vision einer Burg zu unterstreichen, baute man einen Wasserturm im Stil eines Bergfrieds.

Geschichte: Ab 1936 wurde zunächst das Personal ausgebildet für die „Ordensburg". 1937/38 zog der erste reguläre „Junker"-Jahrgang ein, 1938/39 der zweite. Kein „Junker" hat seine Ausbildung in Vogelsang beendet, denn nach Kriegsbeginn wurde Vogelsang zu Kaserne, Adolf-Hitler-Schule, später auch Lazarett. Nach dem Zweiten Weltkrieg richtete

VON DER NS-KADERSCHMIEDE ZUM FRIEDLICHEN LERNORT

die englische Besatzungsmacht rund um die „Ordensburg" einen Truppenübungsplatz ein. Dieser stand von 1950 bis 2005 unter belgischer Militärverwaltung. Die belgischen Platzherren erhielten die Bauten im Original. Sie tilgten nicht etwa die Elemente der Nazi-Ideologie, sondern bewahrten sie als mahnende Zeugnisse der Vergangenheit. So wurden die Grundlagen für den friedlichen Lernort Vogelsang geschaffen. Seit dem 01. Januar 2006 ist Vogelsang für Besucher zugänglich.

Das Gelände ist rund 100 Hektar groß (ca. 200 Fußballfelder). Hier sollen einmal drei Museen entstehen: eine NS-Dokumentation, eine regionalgeschichtliche Ausstellung sowie das Nationalparkzentrum. Weiter sind vorgesehen: eine Vogelsang-Akademie, eine europäische Begegnungsstätte des Jugendherbergswerks sowie Einrichtungen privater Investoren. Wechselausstellungen, Vorträge und kulturelle Veranstaltungen gibt es heute schon.

Der **Lernort Vogelsang** soll begreifbar machen, wie Diktaturen funktionieren und welche Mittel sie anwenden, um ihre Macht zu stärken. Dazu gehört auch die **Architektur**. In Vogelsang kann man erleben, wie ein Gebäudekomplex inszeniert wurde, um der Ideologie zu dienen. Imponierende Natur und beeindruckende Architektur sollten zusammenwirken, um den Eindruck absoluter Macht zu vermitteln – im eigenen Volk ebenso wie gegenüber dem Ausland.

Turm und Adlerhof, Kino und Redoute, Burgschänke und Kaminzimmer – alle Mauern sprechen in Vogelsang. Die Anlage wurde mit viel Aufwand gebaut, um Größe zu demonstrieren. Nach innen und außen sollte die Macht des Systems dargestellt werden. Auch wenn darin das Individuum nichts zählte, sollte sich der Einzelne als Teil eines gewaltigen Ganzen verstehen. Ebenso wie in der Ideologie wurde auch in der Bauart ein Stilmix aus militärischen und mystischen Bestandteilen erzeugt. Die Architektur verbindet zum Beispiel Elemente des Klassizismus und des Heimatstils durch die Verkleidung der Gebäude mit Bruchsteinen. Vogelsang sollte gleichzeitig Burg, Kaserne und Tempel sein.

Für den Adlerhof schuf Willy Meller Steinplastiken.

Am Fackelträger auf dem „Sonnwendplatz" fanden kultische Rituale statt.

STICHWORTE

Ordensburg

Die Partei als „Orden" zu verstehen, entsprach dem völkisch-rassistischen Gedankengut der Nationalsozialistischen Deutschen Arbeiterpartei (NSDAP). Mit dem Bau von „Burgen" an ausgesuchten Standorten wollte man an die Tradition des Deutschen Ritterordens anknüpfen. „Ordensburgen" waren Kaderschmieden für die Schulung des Partei-internen Nachwuchses. Die Absicht bestand darin, die NS-Ideologie zu festigen und Bewerber für verantwortliche Aufgaben im System zu qualifizieren. Neben Vogelsang entstanden „Ordensburgen" in Crössinsee (Pommern) und Sonthofen (Bayern). Weitere waren geplant.

Junker

Als Junker bezeichnete man im Mittelalter die Söhne von adligen Grundherren. Ihrem Stand entsprechend erhielten sie eine besondere Ausbildung. Die in NS-„Ordensburgen" ausgebildeten „Junker" sollten sich als verschworene Elite begreifen. Zeugnisse spielten dabei keine Rolle: Ausgewählt wurde, wer sich als fanatischer NS-Anhänger profilierte und sportlich war. Neben Reiten und Fechten gehörte Fliegen zur Ausbildung der „Junker". Auf dem Vogelsanger Flugplatz Walberhof standen dafür einige Modelle des Fieseler Storch bereit. „Junker" sollten später die NS-Ideologie – vor allem die menschenverachtende Rassenlehre – in führenden Positionen durchsetzen. Zahlreiche „Junker" gingen in die besetzten Ostgebiete. Einige wurden als besonders grausam bekannt.

dazu einen 200 Meter hohen, von Flak-Scheinwerfern illuminierten „Turm der Weisheit" besitzen. Das Innere sollte wie ein Tempel wirken.

Das von den Belgiern eingerichtete **Kino** mit seiner komplett erhaltenen Ausstattung aus den 1950er Jahren war in der NS-Zeit als Hörsaal gedacht. Auch das Kino steht unter Denkmalschutz. Mit seinen fast 1.000 Sitzplätzen, Bühne, Orchestergraben sowie Künstler-Garderoben und Nebenräumen empfiehlt es sich für Vorlesungen, Filmvorführungen, Theaterinszenierungen und Konzerte. Die Nutzung wird aber wegen fehlendem Brandschutz und dem gleichzeitigen Veto der Konservatoren gegenüber Veränderungen erschwert.

Im weiteren Umfeld der „Ordensburg" liegt der Eingangsbereich, den die Belgier „**Malakoff**" nannten. Es handelt sich dabei um einen U-förmig von Gebäuden umgebenen Torbau. Die abseits gelegene **Redoute** war als Haus für die weiblichen Angestellten gedacht. Die um 1950 nach amerikanischem Vorbild erbaute **Tankstelle** blieb als Zeugnis früher Mobilität in der Nachkriegszeit erhalten.

Rundgänge: Zwei Geländerundgänge sind markiert, auf denen man sich auf eigene Faust ein Bild machen kann (s. auch Darstellung hintere Innenklappe). Der **Plateaurundgang** (ca. 1,3 km) er-

Oben: Burgschänke mit rustikaler Holzdecke

Unten: Reiterrelief am Eingangsbereich „Malakoff"

VOGELSANG ERKUNDEN

schließt die zentralen Gebäude weitgehend barrierefrei. Der Hangrundgang (ca. 1,2 km) führt bis zu den tiefer gelegenen Sportstätten und weist Treppen sowie starke Steigungen auf.

Man kann Vogelsang selbst erkunden, aber es ist auf jeden Fall ratsam, sich einer **Führung** anzuschließen. Von Referenten geleitete Rundgänge starten am Forum und dauern 90 Minuten. Sie finden statt ohne Reservierung: Mo–Sa 14 Uhr, So/Feiertage 11 und 14 Uhr. Gruppenführungen von 45 oder 90 Minuten Dauer in verschiedenen Sprachen sowie zu besonderen Themenschwerpunkten nach Absprache: *Tel.: 0 24 44/9 15 790 oder www.vogelsang-ip.de*. Jugendliche können sich über die Jugenderziehung im Dritten Reich informieren lassen oder über die prägende Kraft von Vorbildern, Gleichschaltung, blinde Gefolgschaft und Gehorsam diskutieren. Auch das Thema Kindersoldaten kann ausgehend von Vogelsang behandelt werden. Wechselnde Ausstellungen bewegen sich rund um den Schwerpunkt Gewaltherrschaft. Auch in Zusammenarbeit mit dem Nationalpark Eifel werden Präsentationen erstellt.

Referenten erklären die Inszenierung der Burganlage in die Eifel-Landschaft.

WOLLSEIFEN – DAS TOTE DORF

Vom Dorf Wollseifen ließ der militärische Übungsbetrieb allein die Kirche stehen.

Drei Kilometer südwestlich von Vogelsang liegt auf einem Hügel das ehemalige Dorf Wollseifen. Im September 1946 mussten die 550 Bewohner innerhalb von 14 Tagen ihre Heimat verlassen, weil rund um Vogelsang ein Truppenübungsplatz eingerichtet wurde. Die Häuser gingen in Flammen auf, das Dorf wurde zur Wüstung. Später errichteten die Militärs eine Straße mit Häusern für Nahkampfübungen.

Nur wenige alte Gebäude blieben als Ruinen erhalten. Kaum jemand kann sich dem Eindruck entziehen, den die 1470 gebaute und dem Pestheiligen St. Rochus geweihte ehemalige Pfarrkirche vermittelt. Sie wird als Gedenkstätte hergerichtet. Dokumente und Erinnerungsstücke sollen die Geschichte des über Jahrhunderte gewachsenen Eifeldorfes bewahren. Das Heiligenhäuschen am Ortseingang wurde bereits von ehemaligen Wollseifenern restauriert. Die alte Schule wartet noch auf eine neue Aufgabe.

Als Zeichen des frühen Fortschritts überstand das Elektrohäuschen den Beschuss. Die Wollseifener hatten 1900 Land für den Bau der Urfttalsperre hergegeben und wurden dafür 1922 als eine der ersten Eifeler Dorfgemeinschaften mit Strom aus dem Wasserkraftwerk Heimbach belohnt. Mit Strom aus der Steckdose verwöhnten sie sogleich ihre zahlreichen „Sommerfrischler". Zeitweise war die Übernachtungsnachfrage so groß, dass im Dorfsaal Schlafplätze aufgeschlagen werden mussten

In der Kirche St. Rochus wird das Schicksal der Wollseifener dokumentiert.

– für die Frauen rechts und die Männer links. Kaiser Wilhelm II. hatte die Touristenströme ausgelöst, als er zur Einweihung der Urfttalsperre mit dem Motorschiffchen „Deutschland" über den See gefahren war.

Der Name Wollseifen wird abgeleitet von einer Quelle, einem sogenannten Siefen, an dem sich auch Wölfe einstellten. Um 1700 wurde aus „Wolfsiefen" dann Wollseifen.

An jedem ersten und dritten Sonntag im Monat fahren Planwagen von Vogelsang nach Wollseifen (s. S. 18). Zwischen Vogelsang und Wollseifen liegen die Ruinen der unvollendet gebliebenen Siedlung „Dorf Vogelsang". Dort sollten „Burg"-Angestellte mit ihren Familien wohnen.

Der Westwall – Mahnmal und Biotop

Wie Reißverschlüsse liegen nahe der Grenze zu Belgien und Luxemburg graue Zackenreihen in der Landschaft, überdimensionalen Skulpturen gleich. Hinter dem bizarren Anblick verbirgt sich Geschichte: Es sind Höcker des Westwalls, Hitlers Wahnwerk aus Bunkern und Barrieren. Der Westwall erwies sich als militärischer Flop, wirkte aber erfolgreich in der Propaganda.

Heute steht die „Siegfriedlinie" für eine wundersame Wandlung: Die kriegerischen Relikte sind zu einer ökologischen Schatztruhe geworden. Zwischen den Höckern grasen Kühe, sprießen Büsche und Bäume. Die meisten Bunker sind verschwunden, nur wenige blieben als Denkmäler erhalten, die Übrigen liegen versteckt im Wald. Welchen Eindruck der Westwall während der Ardennenoffensive 1944 auf die anrückenden Amerikaner machte, schilderte Ernest Hemingway als Kriegskorrespon-

STICHWORTE

Schulung
Robert Ley, dem Chef der Deutschen Arbeitsfront (DAF), war die Organisation der „Ordensburgen" übertragen worden. Die Junker wurden nicht im engeren Sinne militärisch geschult. Unter Ausbildung verstand man vielmehr Indoktrination. Auf dem Lehrplan der NS-Eliteschulen standen wissenschaftlich verbrämte Rassenideologie und viel Sport.

Rassenideologie
Der Begriff „Rassenhygiene" war ein Element der NS-Weltanschauung. Die Nationalsozialisten setzten „Rasse" mit „Volk" gleich. Das deutsche Volk sollte durch „Auslese" zu „Höherwertigem" geführt werden. Die Nürnberger Gesetze von 1935 machten politische Rechte abhängig von „arischer" Abstammung. Partnerschaften zwischen Juden und „Ariern" galten als „Rassenschande". Nichtswürdigen „Untermenschen" sollten arische „Herrenmenschen" gegenüberstehen.

Oben: Von der Terrasse blicken Besucher über Appellplatz und Sportanlagen zum Urftsee.

Unten: Auch das Kaminzimmer kann bei Führungen besucht werden.

Forum und Kantine mit dem Wasserturm von Burg Vogelsang im Hintergrund

Vogelsang erkunden

Im **Forum,** dem ehemaligen Speisesaal nahe dem Adlerhof, werden Besucher empfangen und beraten. Hier – im Westflügel der „Burg" – gibt es Info-Stände, einen Vortragsraum und eine Cafeteria. Asymmetrische raumhohe Papp-Würfel mit aufgedruckten Texten und Bildern dienen als provisorische Ausstellung. Der **Adlerhof** ist nach steinernen Wappentieren benannt. Auch ein kopfloses Exemplar kann noch besichtigt werden. Vom Adlerhof aus erreicht man bei Führungen Burgschänke und Kaminzimmer im Ostflügel, wo auch Wechselausstellungen angeboten werden. Von der überdachten **Wandelhalle** am Adlerhof bietet sich ein traumhafter Blick hinunter zur Urfttalsperre und hinein in den Nationalpark. Man steht oberhalb von „Göring-Empore" und Appellplatz. Hangabwärts liegen langgestreckt zehn von ursprünglich zwölf Mannschaftsunterkünften – „**Kameradschaftshäuser**" genannt – sowie ein **Amphitheater** und die ausgedehnten, symmetrisch angelegten **Sportanlagen** mit Schwimmbad und Turnhalle.

Der 47 Meter hohe **Turm** vermittelt der Silhouette von Vogelsang den burgartigen Charakter. Er diente aber nicht als Bergfried, sondern war in Wirklichkeit nur ein Wasserturm. Im unteren Bereich des Turms befand sich ein **Kultraum**. Hier wurden unter anderem „braune Hochzeiten" gefeiert. Um spirituelle Bedürfnisse zu stillen, gab es auch Zeremonien am pathetischen Halbrelief **Fackelträger** auf dem „**Sonnwendplatz**".

Das von den Belgiern „**Van Dooren**" genannte Kasernengebäude mit rund 27.000 Quadratmetern Nutzfläche steht auf den Fundamenten für das „**Haus des Wissens**", das nie vollendet wurde, aber schon in der Planung Ausdruck von Größenwahn war: 300 mal 100 Meter lang sollte es sein,

DER WESTWALL – MAHNMAL UND BIOTOP

VOGELSANG

dent: *„Es war kalt, es goss, ein halber Sturm wehte, und vor uns lagen wie eine Mauer die schwarzen Forsten der Schnee-Eifel, wo die Drachen hausten."*

Der Westwall erstreckte sich auf einer Länge von 630 Kilometern von Basel bis Kleve. Bis 1939 waren mit mehr als 30 Millionen Tonnen Material rund 14.000 „Kampfanlagen" gebaut worden, etwa 22 pro Kilometer. In Lammersdorf, Hollerath, Udenbreth, Schmidtheim und Dahlem, aber auch im Nationalpark unweit der Wüstung Wollseifen sind Bunker anzutreffen.

Informationen: In Westwallnähe sind alte Schmugglerpfade als Wanderwege beschildert (Wege-Auskunft: Eifelverein Düren, Tel.: 0 24 21/131 21).

In Dahlem werden Gruppen in zwei Touren zu zehn Bunkeranlagen geführt (Anmeldung, Tel.: 0 24 47/568, www.westwallzentrum.de). In Hellenthal können Gruppen vom Rastplatz Hollerather Knie/Narzissenwiesen zu vier- und fünfzügigen Höckerlinien, ehemaligen MG-Stellungen und Bunkerresten über 3,5 km in ca. drei Stunden gelangen (Anmeldung, Tel.: 0 24 82/77 70, www.hellenthal.de).

Wie Drachenzähne ziehen sich die Höckerlinien des Westwalls durch die Nordeifel.

Die Städte und Gemeinden rund um

den Nationalpark und Vogelsang

Als bauhistorisches Ensemble ist Bad Münstereifel ein Publikumsmagnet.

BAD MÜNSTEREIFEL
Einwohner: 19.000
Fläche: 151 km², davon die Hälfte Wald
Orte: insgesamt 52, darunter Arloff, Bad Münstereifel, Effelsberg, Eschweiler, Hohn, Houverath, Iversheim, Kalkar, Mahlberg, Mutscheid, Nöthen, Rupperath und Schönau
Kontakt: Stadtverwaltung, Marktstr. 11–15, 53902 Bad Münstereifel, Tel.: 0 22 53/505-0, www.bad-muenstereifel.de
Städtische Kurverwaltung Bad Münstereifel, Bahnhof, Kölner Str. 13, 53902 Bad Münstereifel, Tel.: 0 22 53/54 22 44

S. 34f: Die Landschaft um die Eifeler Seenplatte besitzt einen hohen Freizeitwert.

BAD MÜNSTEREIFEL

Romantik im Tal, Dörfer-Hüpfen auf der Höhe

Bad Münstereifel strahlt Harmonie und Geschlossenheit aus, denn der komplette mittelalterliche Ortskern steht unter Denkmalschutz. Aus dem 13. und 14. Jahrhundert stammt die vollständig erhaltene 1,6 Kilometer lange Stadtmauer, die mit ihren vier Toren und 18 Wehrtürmen die Stadt umschließt. Ein vergleichbar unversehrtes mittelalterliches Ensemble ist in Nordrhein-Westfalen nicht zu finden. Mitten durch die kleine Stadt fließt die Erft. Sie wird von einer Reihe schmaler Brücken überspannt.

Auch der Hauch jüngerer Geschichte weht durch Bad Münstereifel: Nach einem Treffen mit Spitzenfunktionären der Gewerkschaften in der Kurt-Schumacher-Akademie durchwachte Willy Brandt hier die Nacht vor seinem Rücktritt als Bundeskanzler am 06. Mai 1974. Der russische Gelehrte Lew Kopelew verfasste in der Stadt in den 1980er Jahren seine kritischen Anmerkungen zum Wandel in Russland.

Der Münstereifeler und der Flamersheimer Wald grenzen teilweise bis an die Stadtmauern. Darin leben Wildschweine, Hirsche, Schwarzstorch und Wildkatze. Weite Flächen des Stadtgebietes unterliegen Landschafts-, Natur- und Wasserschutzbestimmungen. An mehreren Stellen im Müns-

tereifeler Wald sind **Urwaldparzellen** ausgewiesen, in denen seit Jahren jeglicher Eingriff unterbleibt. Diese Parzellen sind auch in der Wanderkarte des Eifelvereins eingetragen. Im Westen der Kernstadt wartet das Naturschutzgebiet Eschweiler Tal mit 33 Orchideenarten auf. Einige sind in Tausenden von Exemplaren zu erleben. In dem Tal wechseln sich wärmeliebende Laubwälder mit artenreichen Kalkmagerrasenflächen ab. Hier sprießen Salbei und Witwenblume, Sonnenröschen und Flockenblume. Waldführungen, unter anderem zu den Urwaldparzellen, vermittelt das Städtische Forstamt *(Tel.: 0 22 53/505-192)*.

Die dünn besiedelte Münstereifeler Mutscheid bietet herrliche Landschaftspanoramen.

Für die Gäste wird ein Wanderwegenetz von 300 Kilometern Länge unterhalten. Auch Reitwege, Nordic-Walking- und Mountainbike-Routen sind ausgewiesen. Das Eifelbad bietet Innen- und Außenbecken, Dampfbad und Riesenrutsche *(Dr.-Greve-Str. 16, Tel.: 0 22 53/54 24 50, www.eifelbad.com, Öffnungszeiten: ganzjährig Mo 12–22 Uhr, Di–Fr 11.30–22 Uhr, 01. November bis 14. März Sa 10–19 Uhr, So/Feiertage 9–19 Uhr, 15. März bis 31. Oktober Sa 10–20 Uhr, So/Feiertage 9–20 Uhr)*.

ROMANTIK IM TAL, DÖRFER-HÜPFEN AUF DER HÖHE

Das ausgedehnte **Höhengebiet** von Bad Münstereifel mit seinen vielen kleinen Ortschaften und Weilern, in die sich schmale Straßen teilweise durch Serpentinen winden, bietet sich zum „Dörfer-Hüpfen" an. Im Gegensatz zum städtisch orientierten Zentralort bieten die Dörfer noch echtes Landleben. Gewerbegebiete liegen zwischen Bad Münstereifel und Iversheim sowie bei Arloff. Die größten Unternehmen stellen das Hammerwerk Erft und die Peter Greven Fettchemie dar. Bad Münstereifel ist

In einer Streuobstwiese liegt Burg Arloff, die im 13. Jahrhundert entstand.

Schulzentrum für die umgebenden Orte. Zum Angebot zählen unter anderem das Städtische St. Michael- und das Erzbischöfliche St. Angela-Gymnasium. Auch eine Fachhochschule für Rechtspflege hat ihren Sitz in Bad Münstereifel. Die frühere Bedeutung als Kurort ging verloren, dafür stieg aber die touristische Anziehungskraft an. 2006 kletterten auf dem Tourismus-Barometer der Region Aachen das Heino-Café und die Altstadt von Bad Münstereifel mit einer Million Besuchern im Jahr auf Platz zwei. Davor rangierte nur noch der Aachener Dom mit 1,2 Millionen Besuchern.

Seit 1997 ist das von Sänger Heino Kramm in der Marktstraße 18 eingerichtete **Heino-Rathaus-Café** ein Anziehungspunkt erster Ordnung. Es ist dekoriert mit goldenen Schallplatten, Fotos und Erinnerungsstücken. Weitere Artikel gibt es im Fan-Shop nebenan. Beliebt ist die Haselnusstorte nach dem Rezept, mit dem Heino seine Bäckergesellenprüfung absolvierte. Manchmal ist der Sänger auch selbst im Café anzutreffen.

ROMANTIK IM TAL, DÖRFER-HÜPFEN AUF DER HÖHE

BAD MÜNSTEREIFEL

Im **historischen Ortskern** laden die Pflastergassen zu Entdeckungen an 128 denkmalgeschützten Gebäuden ein. Dazu gehört das **Romanische Haus**, das sich ein Stiftsherr 1167 baute. Es ist eines der ältesten Steinhäuser im Rheinland und hat das **Hürten-Heimatmuseum** aufgenommen. Das Romanische Haus liegt dort, wo im Mittelalter ein mit einer Mauer geschlossener Immunitätsbezirk des Stiftes eingerichtet war. Auch ein Brauhaus und eine Bäckerei (= Pistorei) gehörten dazu.

„Neumünster" nannte Abt Marquard von Bouillon aus der Benediktinerabtei Prüm im Jahr 830 seine Klostergründung. Später wurde daraus Münstereifel. Der **Zwentibold-Brunnen** am Markt ist dem lothringischen König gewidmet, der dem Markt Münstereifel 898 das Recht verlieh, Zölle zu erheben und Münzen zu prägen. Pilgerströme lösten die Reliquien des römischen Märtyrerpaares Chrysanthus und Daria aus, die von Rom in die kleine Klosterkapelle an der Erft geholt worden waren. Chrysanthus und Daria waren im Jahr 253 in Rom wegen ihres Glaubens gemeinsam lebendig begraben worden. Im 12. Jahrhundert wurde die Kapelle durch die dreischiffige Pfeilerbasilika der **Stiftskirche** am Klosterplatz ersetzt. Der Schrein mit den Reliquien der Pfarrpatrone steht in der Krypta. Der Klosterplatz hinter der Stiftskirche war ursprünglich ein Garten. An den Klosterplatz grenzen noch einige Stiftsherren- oder Kanonikerhäuser an.

Links: Die dreischiffige Pfeilerbasilika der Stiftskirche am Klosterplatz

Mitte: Die Orchheimer Straße lädt zum Bummeln und Einkehren ein.

Rechts: Der lothringische König Zwentibold verlieh Münstereifel Zoll- und Münzrechte.

ROMANTIK IM TAL, DÖRFER-HÜPFEN AUF DER HÖHE

Als „Stadt" wird Münstereifel erstmals 1299 erwähnt. Um diese Zeit ließen die Jülicher Grafen Burg und Stadtbefestigung bauen. Die **Burg** hoch über der Erft, deren Fertigstellung auf 1272 datiert wird, zeigt nach ihrer Renovierung einen gewöhnungsbedürftigen hellen Putz. Sie nahm Komfortwohnungen und ein Restaurant auf, dem eine Senfmühle angeschlossen ist. In der Senfmühle sind Besucher willkommen *(Tel.: 0 22 53/ 54 33 01, www.senfburg.de)*. Von der Orchheimer Straße steigt man durch das **Steinfelder Tor** aus der Renaissance zur Burg hinauf.

Vier **Stadttore** – Orchheimer Tor, Werther Tor, Heisterbacher Tor und Johannistor – begrenzen die Fußgängerzone. Sie wurden ebenso wie die Burg Ende des 13. und in der ersten Hälfte des 14. Jahrhunderts gebaut. Auf 220 Metern Länge ist der Wehrgang vom Heisterbacher Tor an begehbar. Nahe dem Werther Tor steht der **Steinfelder Hof**. Vermutlich geht er auf das Erbe des aus Münstereifel stammenden Steinfelder Abtes Johann von Münstereifel (1501–1509) zurück. Das heute vorhandene Gebäude von 1513 diente Steinfelder Mönchen als Zufluchtsort und Zehnthof.

Ins Kloster der Karmelitessen zogen die Stadtverwaltung und eine Schule ein.

Als Gewandhaus entstand 1476 in der Marktstraße eines der schönsten alten **Rathäuser** im Rheinland. Die Wappen der Stadt sind in Stein gehauen. Imposant ist der Treppengiebel. Ochsenblutrot leuchten die Fassade und die Arkaden, über denen der Sitzungssaal von 1550 untergebracht ist. An der Straße steht eine Nachbildung des Prangers, das Original befindet sich im Romanischen Haus.

An das Rathaus schließt sich das vierflügelige **Karmelitessenkloster** von 1770 an. Im Durchgang zum Innenhof steht das Johannis-

BAD MÜNSTEREIFEL

kreuz von 1416. Es erinnert an die größte Überschwemmung der Stadt, die 150 Menschenleben forderte. Eine Replik setzte man an die Johannisstraße an der Auffahrt zur Burg. Ein Kräutergarten zeugt davon, dass die Ordensfrauen eine Armenapotheke mit Heilkräutern unterhielten. Vor dem Kräuterbeet steht die Nachbildung einer Bronzebüste des in Münstereifel geborenen „Heiligen Doktors von Moskau", Friedrich Joseph Haass (1780–1853). Er war Leibarzt des Zaren und setzte sein Privatvermögen ein, um die Not der Sibirien-Häftlinge zu lindern. Seine Seligsprechung wurde 2001 eingeleitet. Gegenüber der Büste zeigt ein Bronzerelief das Porträt des in Russland verfolgten Schriftstellers Lew

Ungewöhnlich reich verziert ist das fünfgeschossige Windeckhaus von 1664.

Kopelew (1912–1997), der sich während seiner Kölner Jahre oft in Bad Münstereifel aufgehalten hat. Die Haass-Biografie von Kopelew wird als Brückenschlag zwischen Russland und Deutschland eingestuft. Im Untergeschoss des Rathauses würdigt eine Ausstellung das Wirken von Dr. Haass. Das Karmelitessenkloster nutzen heute eine Grundschule und Teile der Stadtverwaltung.

Oben: Blick in die Schedelsche Weltchronik

1625 richteten Jesuiten ein Kolleg am Markt ein, das heutige St. Michael Gymnasium. In der 1706 gegründeten **Jesuitenbibliothek** wird unter anderem die 500 Jahre alte „Schedelsche Weltchronik" mit 2.000 Holzschnitten im Panzerschrank aufbewahrt. Die Bibliothek ist nur bei besonderen Anlässen zugänglich. Die **Jesuitenkirche** am Markt entstand 1659 bis 1668. Darin sind das Netzgewölbe und die freitragende, dreiseitig umlaufende Empore interessant.

Das fünfgeschossige, reich verzierte **Windeckhaus** (Orchheimer Str. 23), dessen Gestaltung für die Eifel ungewöhnlich ist, wurde 1664 fertiggestellt. Ein Tuchfabrikant ließ es erbauen. In der Nähe war seit 1711 der Orgelbauer **Balthasar König** zu Hause, der berühmte Orgeln schuf, unter anderen für das Kloster Steinfeld und für die

Unten: Das ehemalige Kurhaus an der Straße nach Nöthen

Schlosskirche in Schleiden. Ein Bronzestein mit einem in Flammen aufgehenden siebenarmigen Leuchter erinnert daran, dass nahe dem Windeckhaus im ersten Geschoss eines wieder aufgebauten Hauses bis 1938 die Münstereifeler **Synagoge** untergebracht war. Eine jüdische Gemeinde wurde schon 1349 nachgewiesen. Die Kunst des **Bierbrauens** wird im Brauhaus am Markt demonstriert. Natürlich darf man auch kosten ...

BAD MÜNSTEREIFEL

Der schmale weiße **Pipiturm** neben dem Brauhaus zählt zu den kuriosen Sehenswürdigkeiten. In dem Turm mit den kleinen, in Buntsandstein eingefassten Entlüftungslöchern wurde bis Ende des 19. Jahrhunderts Urin gesammelt. Der „Seckhannes" ging dafür morgens von Tür zu Tür, um die Nachttöpfe zu leeren. Um an den wertvollen Rohstoff zu kommen, der zusammen mit Soda zum Reinigen und Färben von Wolle genutzt wurde, hatte ein Tuchfabrikant das Türmchen eingerichtet, das auch als öffentliches Pissoir diente.

Neben der Tuchweberei war das Gerben von Leder früher eine traditionelle Einnahmequelle in Bad Münstereifel. Eine alte **Gerberei** nahe dem Werther Tor zeugt davon. Über die schmale, gepflasterte Heisterbacher Straße erreicht man das Mitte des 16. Jahrhunderts entstandene historische **Weinhaus an den Rauschen**. Es handelt sich um ein spätgotisches Ständerhaus mit breitem Überhang, der in der Region in dieser ausgeprägten Form selten ist.

Nachdem Münstereifel 1926 zur Zentrale für Heilmethoden nach Kneipp wurde, entstand der Wunsch nach einem **Kurhaus**. 1929 wurde es an der Straße nach Nöthen eingeweiht. 1967 erhielt die Stadt den Titel „Bad". Obwohl die Zahl der Kurgäste rückläufig ist, unterhält Bad Münstereifel noch zwei Kurparks: den **Kurgarten Wallgraben** nahe dem Kurhaus und den **Kurpark Schleid** nahe dem Bahnhof. Im restaurierten Bahnhofsgebäude sind die Kurverwaltung und die überregional agierende Eifel-Touristik untergebracht.

Im **Apothekenmuseum** mixte der Apotheker Franz Maria Ferdinand Stephinsky 1859 aus 27 Kräutern seinen bis heute geschätzten Magenbitter Stephinsky. Ein Krokodil schwebt über der Ladentheke der historischen Schwanenapotheke mit ihrer Einrichtung aus dem Jahre 1806, weil früher dem Fett und den Exkrementen von Krokodilen Heil-

Die historische Schwanenapotheke in der Werther Straße ist heute Museum.

kräfte zugeschrieben wurden. Die Riech-Straße spricht mit Düften, aber auch beißenden Gerüchen die Sinne der Besucher an. Im Apothekenmuseum ist auch eine Tourist Information untergebracht *(Werther Straße 13–15, Tel.: 0 22 53/76 31 oder 54 22 44, Öffnungszeiten: Di–Fr 14–17 Uhr, Sa/So/Feiertage 11–16 Uhr).*

1912 stellte Prof. Karl Hürten im Auftrag des Heimatvereins eine Sammlung von repräsentativen Stücken aus dem Besitz Münstereifeler Familien

Im Handwebermuseum in Rupperath wird sonntags gesponnen und gewebt.

zusammen. Seit 1975 ist das **Hürten-Heimatmuseum** im Romanischen Haus untergebracht. Schwerpunkte der Ausstellung sind die bürgerliche Wohnkultur mit Mobiliar aus dem 18. Jahrhundert, eine Weberwerkstatt, eine Gaststätte aus dem 19. Jahrhundert und der barocke Hausaltar eines Stiftsherren. Hinzu kommen Objekte von der Steinzeit bis zur Frankenzeit *(Langenhecke 6, Öffnungszeiten: Mi 10–12 Uhr und 14–16 Uhr, Führungen nach Absprache, Tel.: 0 22 53/54 22 44).*

Cornelia und Rolf Urbild begrüßen Besucher in ihrem **Puppen- und Spielzeugmuseum**. Eisenbahnen, Puppen, Teddys, Tretautos und vieles andere verteilt sich in sechs Räumen über zwei Etagen *(Alte Gasse 28, Tel.: 0 22 53/54 38 81, Öffnungszeiten: Sa/So 11.30–17 Uhr).*

Das städtische **Mineralienmuseum** wurde im Heisterbacher Tor eingerichtet. Dort kann man auch Wechselausstellungen besuchen und Fossilien und Mineralien aus aller Welt als Souvenir erwerben *(Öffnungszeiten: Fr 14–17, Sa/So 10–12 und 14–17 Uhr).*

Zum **Handwerkerzentrum** vor dem Orchheimer Tor gehören unter anderem eine römische Glashütte, ein Printenhaus und eine Zinngießerei. Gegenüber, zwischen Tor und Konvikt, ist ein kleiner Park mit Skulpturen und Brunnenfiguren aus Bronze entstanden.

In der **Konvikt-Kapelle** finden die renommierten klassischen Wallgraben-Konzerte statt *(Tel.: 0 22 53/54 22 44, www.wallgrabenkonzerte.de)*.

Im **Kulturhaus** präsentiert das „theater 1" ein Programm für Groß und

Die Glashütte gehört zum Handwerkerzentrum am Orchheimer Tor.

Klein. Neben Schauspiel, Tanz, Literatur und Musik durch Interpreten aus dem In- und Ausland stehen auch Puppenspiele auf dem Plan. Ein Förderverein unterstützt die Theaterinitiative. Der Ballettsaal wird für Tanzkurse, Seminare und durch die Volkshochschule genutzt *(Langenhecke 2, Tel.: 0 22 57/44 14, www.theater-1.de)*.

Informationen: Tagesgäste profitieren in Bad Münstereifel von der **Stadt-Card**. Für 15 Euro wird ein Essen mit Getränk, ein Kaffee mit Kuchen und der Eintritt in sechs Museen (Apotheken-, Heimat-, Fossilien-, Puppen- und Handwebermuseum Rupperath sowie römische Kalkbrennerei Iversheim) geboten. Teilnehmende Gaststätten weisen sich durch ein Logo aus.

Führungen durch die historische Altstadt starten samstags um 11.30 Uhr am Apothekenmuseum. Gruppenführungen nach Absprache, auf Wunsch auch mit Stadtführern in historischen Kostümen *(Anmeldung, Tel.: 0 22 53/54 22 44)*.

100 Meter Durchmesser hat der Parabolspiegel des Radioteleskops Effelsberg.

Interessante Orte rundum

HIMMELSOHREN

*1955 entstand in **Eschweiler** auf dem **Stockert** das erste Radioteleskop Deutschlands mit einem Spiegeldurchmesser von 25 Metern. Bis 1970 wurden dort astronomische Messungen für wissenschaftliche und militärische Zwecke durchgeführt. Studenten der Uni Bonn können heute in dem Technik-Denkmal praktische Erfahrungen sammeln. Genutzt wird das Teleskop unter anderem, um Weltraum-Müll aufzuspüren.*

*Flugverkehr und Stürme beeinträchtigten die Messergebnisse des alten Astropeilers auf dem Stockert. Diese Erfahrungen flossen in den Standort des neuen Radioteleskops ein, das 1972 in einem Talkessel bei **Effelsberg** für das Bonner Max-Planck-Institut errichtet wurde. Der strahlend weiße Parabolspiegel ist mit 100 Metern Durchmesser eines der größten voll beweglichen Radioteleskope der Welt. Die Astronomen können bis an den Rand des Universums sehen. Sie blicken etwa 12,5 bis 13,5 Millionen Lichtjahre zurück. Gefahndet wird mit diesem Himmelsohr nach Signalen aus der Milchstraße. Dabei verfolgen Astronomen aus aller Welt das Entstehen und Vergehen von Sternen.*

Das neben dem Astropeiler liegende Feld mit 96 Antennen ist Teil des über mehrere Nationen reichenden Software-Teleskops LOFAR (Low Frequency Array = Niederfrequenzbereich) mit einem gedachten Durchmesser von 100 Kilometern. Die Wissenschaftler wollen damit ins junge Universum rund eine Milliarde Jahre nach dem Urknall zurückblicken.

***Informationen** im Besucherpavillon mit Aussichtsplateau. Vorträge nach Voranmeldung Di–Sa um 10, 11, 13, 14, 15 und 16 Uhr oder ohne*

INTERESSANTE ORTE RUNDUM

BAD MÜNSTEREIFEL

Anmeldung per Video unterhalb des Pavillons (Radioteleskop Effelsberg, Tel.: 0 22 57/30 11 01, www.astro.uni-bonn.de). Der 800 Meter lange Weg vom Parkplatz zum Astropeiler bietet unterwegs Wissenswertes über unser Sonnensystem. Ein Wanderweg führt von Bad Münstereifel am „Decken Tönnes" vorbei über 18 Kilometer bis zum Radioteleskop.

Honerath
Der von Künstlerhand gestaltete Ziegenturm zieht die Blicke auf sich.

Houverath
Einen romanischen Kern aus dem 12. Jahrhundert birgt die malerische Kirche St. Thomas, die im 15. Jahrhundert dreischiffig erweitert wurde.

Iversheim
Am nördlichen Ortsausgang liegen fünf römische Kalkbrennöfen, die 1965 an der Hohen Ley aufgedeckt wurden. Damit gelang es erstmals, eine komplette Industrieanlage aus römischer Zeit Besuchern zugänglich zu machen. Soldaten der Legion Xanten haben hier zwischen 100 und 300 n. Chr. aus Riffen des urzeitlichen Korallenmeeres Stückkalk gebrannt. Mit zehn Öfen wurden 400 Tonnen Kalk pro Monat im Schichtbetrieb gewonnen. Für die Befüllung eines Ofens mit je 25 Tonnen wurden 50 bis 60 Raummeter Pappelholz verbrannt. Insgesamt waren zehn Werke in der Umgebung mit dem Kalkbrennen beschäftigt. Der Kalk wurde auch beim Bau der römischen Wasserleitung von Nettersheim nach Köln verwendet (s. S. 153) sowie in Xanten *(Tel.: 0 22 53/76 31, Öffnungszeiten: Mai bis Oktober Sa 13–16 Uhr, So 11–16 Uhr).*

Oben: Römischer Kalkbrennofen in Iversheim

Unten: Stimmungsvoller Mischwald nahe dem Kultareal zwischen Nöthen und Pesch

Kirspenich
Die Wasserburg aus dem 13. und 14. Jahrhundert mit ihrem 28,5 Meter hohen Wohnturm wird privat genutzt. Das Hauptgebäude besitzt eines der ersten Mansarddächer im Rheinland.

Interessante Orte rundum

Mahlberg/Michelsberg

Hervorragende Blicke auf Bad Münstereifel, Aremberg, Nürburg und Hohe Acht bietet Bad Münstereifels höchste Erhebung: der 588 Meter hohe Michelsberg. Auf der Kuppe, die ein Vulkan aufgeworfen hat, steht die Kapelle des Erzengels Michael. In vorchristlicher Zeit bestand hier eine germanische Kult- und Gerichtsstätte. Ein Rundweg bietet Aussichten auf Siebengebirge und Kölner Dom. Im Winter kann man am Nordhang des Michelsberges rodeln und Ski fahren.

Blick vom vulkanischen Michelsberg auf die Ortschaft Mahlberg

Mutscheid

Mutscheid ist ein zentraler Ort im Höhengebiet. Zur früher selbstständigen Kirchengemeinde St. Helena gehörten einmal 13 weitere kleine Orte. „Die Mutscheid" nennt man in Bad Münstereifel das gesamte Gebiet. Seit dem 16. Jahrhundert wurde dort mit Unterbrechungen bis 1941 Bleierz abgebaut.

Nöthen

In der Nähe der Landstraße von Nöthen in Richtung Pesch liegt ein gut erhaltener römischer Matronentempel. Das Heiligtum wurde von 50 bis etwa 330 n. Chr. angelegt auf einem vorher schon genutzten Kultareal. Ein rund 600 Meter langer Waldweg führt zur Tempelanlage. An der Weihestätte kann man sich beinahe hineinversetzen in die Stimmung der römischen Legionäre, die hier ihren Schutzgöttinnen Votivsteine und Altäre aufstellten. Auch heute noch legen Besucher den Matronen Blumen zu Füßen. Erhalten blieben unter anderem die Fundamente einer Basilika, eines Jupitertempels und einer Wandelhalle mit Brunnen. In Nöthen finden Besucher einen alten Ziehbrunnen. Anstelle der aus dem 12. Jahrhundert stammenden Filialkirche entstand 1912/13 die Pfarrkirche St. Willibrordus im Stil der Neoromanik.

Zu den magischen Eifelorten zählt der Matronentempel zwischen Nöthen und Pesch.

Rodert

Als eines von Adolf Hitlers Führerhauptquartieren im Westen wurde auf dem Eselsberg bei Rodert die unterirdische Bunkeranlage „Felsennest" gebaut. Für den Arbeitsstab richtete man einen Bauernhof her. Hitler hielt sich vom 10. Mai 1940, dem Tag des Einmarsches in Belgien, bis zum 06. Juni 1940 dort auf. Heute sind nur noch Reste der gesprengten Bunkeranlage zu sehen.

Der Decke Tönnes

Zwischen Rodert und Effelsberg steht am Straßenrande ein Heiligenhäuschen, das St. Antonius gewidmet ist. Der Decke Tönnes, wie er im Volksmund heißt, lauschte der Legende nach im Garten des Klosters

INTERESSANTE ORTE RUNDUM

An einen verstoßenen Mönch erinnert das Kapellchen Decker Tönnes nahe Rodert.

Steinfeld lieber den Nachtigallen, als regelmäßig an den Andachten teilzunehmen. Auch seine Zelle schmückte er mit Blumen und Vogelkäfigen. Für diesen vermeintlichen Hang zur „Naturreligion" wurde er des Klosters verwiesen. In seiner Heimatstadt Münstereifel betete der Mönch zur Gottesmutter, und eine himmlische Stimme verhieß ihm, dass er den Vögeln folgen solle, um eine neue Heimat zu finden. Im Münstereifeler Wald, wo sich die Vögel vor ihm niederließen, baute Antonius eine Hütte und lebte fortan dort als Einsiedler. Weil er bei Nacht und Nebel ein Glöckchen läutete, fanden Fuhrleute zwischen Ahr und Erft bei ihm Zuflucht. Noch heute unternehmen Autobesitzer mit Neuwagen ihre erste Fahrt zum Decken Tönnes, um dort eine Kerze aufzustellen. Die Errichtung der heutigen Kapelle mit Heiligenfigur geht auf ein Gelübde zurück.

Rupperath

15 Kilometer von Bad Münstereifel entfernt führt eine serpentinenreiche Bergstraße ins Handweberdorf Rupperath. Aus der viele Jahre florierenden dörflichen Manufaktur ist ein Museum mit zwei Räumen geworden, das an die Qualitäts-Tuchherstellung vom 14. bis 18. Jahrhundert in Münstereifel erinnert. Lebendig geht es hier zu, wenn sonntags in der Ausstellung gesponnen und gewebt wird. Im ersten Raum stehen vier bespannte Flachwebstühle. An einem Spinnrad zeigt eine Rupperatherin, wie sie aus Schafwolle gleichmäßige Fäden zieht. Im Nachbarraum werden 6.000 Jahre Geschichte des Spinnens, Spulens und Webens gezeigt. Zu sehen sind unter anderem ein Zehenwebstuhl aus Kamerun, ein Grubenwebstuhl aus dem Himalaja sowie das Modell eines steinzeitlichen Handwebstuhls mit Gewichten aus römischer Zeit, ein peruanischer Handwebstuhl und ein keltischer Bandwebstuhl. Auch dass Spinnräder seit 1.400 Jahren bekannt sind, zeigt die Ausstellung. Berüchtigt war das Doppelflügel-Spinnrad: Es wurde auch „Hungerrad" genannt, weil daran für geringen Lohn zwei Fäden gleichzeitig gesponnen werden mussten *(Tel.: 0 22 57/831, Öffnungszeiten: April bis Oktober So 14–16 Uhr).*

BLANKENHEIM
Einwohner: 8.900
Fläche: 150 km²
Orte: Ahrdorf, Ahrhütte, Alendorf, Blankenheim, Blankenheimerdorf, Blankenheim-Wald, Dollendorf, Freilingen, Hüngersdorf, Lindweiler, Lommersdorf, Mülheim, Nonnenbach, Reetz, Ripsdorf, Rohr, Uedelhoven und Waldorf
Kontakt: Bürger- und Verkehrsbüro im Rathaus, Rathausplatz 16, 53945 Blankenheim, Tel.: 0 24 49/87-222 oder 87-224, www.blankenheim-ahr.de und www.ahrtal-radweg.de

Zu Füßen der Grafenburg liegt der über 1.000 Jahre alte idyllische Ahr-Quellort Blankenheim.

BLANKENHEIM

In einem Keller entspringt die Ahr

Geschichte und Landschaft bilden das wertvollste Kapital der Gemeinde an der Ahrquelle. Rund ein Drittel ihrer Fläche, die im Naturpark Nordeifel liegt, ist Wald. Seit 1983 ist Blankenheim staatlich anerkannter Erholungsort. Die über 1.000-jährige Geschichte von Blankenheim wirkt im Ortsbild nach: Fachwerkhäuser, zwei alte Stadttore, Gassen, kleine Plätze und Winkel prägen den alten Kern unterhalb des Zuckerbergs, auf dem Burg und Burgbering stehen. Leider wurde für den Bau des Rathauses, einer Bausünde der 1970er Jahre, ein Teil des alten Ortskerns zerstört.

Mitten im Ort entspringt die **Ahr** im Keller eines Fachwerkhauses von 1726. Die Quelle schüttet rund 700 Liter Wasser pro Minute aus. Der

In einem Keller entspringt die Ahr

Name wird vom keltischen „ar" abgeleitet und bedeutet so viel wie Quelle oder Wasser. Der Verlauf der Ahr kann in einem gemauerten Kanal bis zum Schlossweiher verfolgt werden. Von Blankenheim aus windet sich der kleine Fluss, der 89 Kilometer später bei Sinzig in den Rhein mündet, in Mäandern nach Osten. Seit dem Mittelalter machen auch die Jakobspilger Station in Blankenheim.

Über das malerische Ahrtal und seine reizvollen Seitentäler schrieb schon Gottfried Kinkel: „Die Ahr ist an einzelnen Schönheiten so überreich, dass man aufwärts und abwärts ganz verschiedene Wege wählen und so die Gegend recht eigentlich doppelt genießen kann." 1993 wurde das Programm „Ahr 2000" zum langfristigen Schutz von Biotopen am Oberlauf des Flusses und seiner biologisch wertvollen Nebenflüsse aufgelegt. Unter anderem wurden Fichten aus den Bachauen entfernt und Wehre abgebaut, die den Fischzug behinderten. Selbst Lachse sollen wieder zum Laichen an die Oberahr kommen. Außerdem legte man Themen-Wanderwege durch das Schutzgebiet an *(Auskunft: Bürger- und Verkehrsbüro, s. S. 51, und www.ahr-2000.de)*.

Über einen ehemaligen Bahn-Viadukt führt bei Blankenheim-Oberahreck der Ahrtalradweg.

IN EINEM KELLER ENTSPRINGT DIE AHR

BLANKENHEIM

Burg Blankenheim war ursprünglich eine mächtige Festung hoch auf dem Zuckerberg. Von oben herab genießt man einen weiten Ausblick auf den Ort und in das Ahrtal. Ein Abzweig der ehemaligen Römerstraße von Köln nach Trier führt zum oberen Burgbereich. Der dreigeschossige Palas aus dem 13. Jahrhundert misst etwa 15 mal 12 Meter und bildet den ältesten erhaltenen Teil der Burg, der heute gern für kulturelle Veranstaltungen genutzt wird *(Auskunft: Bürger- und Verkehrsbüro, s. S. 51)*. Im 15. Jahr-

hundert wandelte sich die Burg zu einem repräsentativen Schloss. Nach der Eroberung durch französische Truppen wurde die Burg zum Abbruch verkauft. Die Deutsche Turnerschaft erwarb die Ruine 1927 und begann den Wiederaufbau. Der Wohntrakt der Burg ist heute Jugendherberge mit 160 Betten.

Der Blankenheimer Schlossweiher lädt zum Rudern und zu Spazierrunden ein.

Wer von der Ahrquelle auf den **Zuckerberg** steigt, fühlt sich in den engen Gassen und auf winkligen Treppen fast wie in einem mediterranen Bergdorf. Vorbei am nur zwei Meter breiten, schmalsten Haus des Ortes, geht es steil hinauf zum Pfarrhaus, das hinter Kastanienbäumen oberhalb der Kirche liegt. Der zum Altar hin leicht ansteigende Fußboden der spätgotischen Pfarrkirche **St. Mariä Himmelfahrt** verwundert

HIGHTECH AUS DEM MITTELALTER

Oben: Von der Quellfassung „In der Rhenn" führen Holzrohre über 1.000 Meter bis zur Burg.

Der Tiergartentunnel ist Blankenheims erstaunlichste Sehenswürdigkeit. Im frühen 15. Jahrhundert ließ der mächtige Graf Dietrich III. in Blankenheim eine aufwändige Wasserversorgung für seine Burg anlegen, die selbst Fachleute verblüfft. Als Hightech aus dem Mittelalter bezeichnen Archäologen den sensationellen Fund. Vergleichbare Anlagen gibt es zwischen der Römerzeit und 1839 nördlich der Alpen nur noch in Maria Laach, Salzburg und Thüringen. Im Verlauf von insgesamt einem Kilometer Wasserleitung wurde eine 550 Meter lange Druckleitung aus Holz zunächst durch ein zwölf Meter tiefes Tal und dann auf der Gegenseite wieder nach oben auf den Burgberg geführt.

Unten: Blick in den Tiergartentunnel

Um zur Burg zu gelangen, wurde schließlich noch ein 160 Meter langer Tunnel durch die Kalkkuppe des Burgbergs gegraben und ausgemauert.

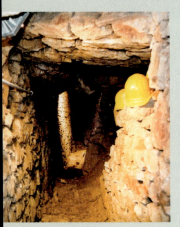

Die Druckleitung und der Tunnel mit seinen fünf Lichtschächten stellen ein in Europa einzigartiges Bauwerk der Technikgeschichte dar. Im Bereich der Burg kann man unter anderem das 38 Quadratmeter große Wasserhäuschen besuchen. In einer Glaspyramide werden zudem Teile der Druckleitung gezeigt, die aus kunstvoll ausgehöhlten Baumstämmen bestand.

Information: An der Burg startet der Tiergartentunnel-Wanderweg. Er ist 19 Kilometer lang und berührt alle markanten Punkte der historischen Wasserleitung. Weitere Stationen sind unter anderem zwei Hügelgräber und ein offenes, gut erhaltenes Stück Römerstraße.

IN EINEM KELLER ENTSPRINGT DIE AHR

BLANKENHEIM

Besucher. Die Kirche entstand 1495 bis 1505 und zog mit den Reliquien des heiligen Georg früher Tausende Pilger an. Über dem Hauptschiff erheben sich zwei Emporen, von denen eine bis 1743 den Grafen vorbehalten war. Die zwölf Apostelfiguren entstanden Ende des 16. Jahrhunderts aus vulkanischem Tuffstein. Die Orgel wurde 1660 gebaut und gehört zu den ältesten in Deutschland. Aus der Schlosskapelle stammen drei spätgotische Schnitzaltäre. In der Chorwand befindet sich der Grabstein von

Graf Johann I. und seiner Frau Margarete, die die Kirche erbauen ließen. Der Glockenturm wurde Anfang des 20. Jahrhunderts aufgemauert und erhielt eine neue Spitze. Führungen durch die Kirche vermittelt das Pfarrbüro *(Tel.: 0 24 49/951 40)*.

Das **Hirtentor** wurde schon 1404 errichtet und später erweitert. Im Hirtentor ist eine naturkundliche Sammlung zu finden. An das Hirtentor lehnt sich ein besonders schönes Haus mit geschwungenem Fachwerk an. Ein zehn Zentner schweres Uhrwerk von 1907 wurde 1969 aus der Kirche ausgebaut und an einem Geschäftshaus nahe dem Hirtenturm angebracht. Hinzu kam ein Glockenspiel mit 13 Glocken. In der nahe gelegenen Galerie-Werkstatt **Haus am Hirtenturm** 11 finden jährlich zwei bis vier Ausstellungen statt *(Öffnungszeiten nach Vereinbarung, Tel.: 02 21/60 14 26 oder 0 24 40/12 84, www.hirtenturm.de)*. In dem Renaissancebau aus dem 17. Jahrhundert war früher das königlich preußische Amtsgericht mit Gefängnis untergebracht.

Im **Georgstor** aus dem Jahr 1670 ist das **Karnevalsmuseum** beheimatet *(Öffnungszeiten nach Vereinbarung, Tel.: 0 24 49/872 22 oder 872 24)*.

Links: Blick durchs Hirtentor auf Zuckerberg und Burg Blankenheim

Mitte: Der Hirtenturm beherbergt eine naturkundliche Sammlung.

Rechts: Die spätgotische Kirche St. Mariä Himmelfahrt

Oben: An sieben Fußfall-Stationen vorbei führen Serpentinen zur Kreuzwegkapelle Hülchrath.

Unten: Das Eifelmuseum im Gildehaus zeigt Naturkunde und Kulturgeschichte.

Für seinen ganz speziellen, mittelalterlich anmutenden Karneval ist Blankenheim weit über die Landesgrenzen berühmt. Höhepunkt ist der **Geisterzug** am Karnevalssamstag. Sobald es dunkel wird, verlöschen alle Lichter im historischen Ortskern. Als „Kaisergarde" lassen Mitglieder der Freiwilligen Feuerwehr an Burg und Stadttoren bengalische Feuer aufflammen. An den Toren versammeln sich weiß gewandete Geister. Sie binden ihre Bettlaken so, dass kleine Ohren von den Köpfen abstehen. Mit gespenstisch flackernden Pechfackeln springen die Geister wild durch den Ort, singen und johlen schaurig dazu: „Juh- jah, Kribbel in de Botz! Wer dat net hät, der es nix notz." (Juh-jah, Kribbel in der Hose! Wer das nicht hat, ist zu nichts nutze.) Angeführt wird der Zug vom Obergeist, der mit seinen Engelsflügeln auf dem Rücken voraus reitet. Geleitet wird er von den „Jecke Böhnchen", einem Teufel und ein paar Hexen. In der Woche vor Karneval zieht „et Schelleböümche" jeden Abend durch die Straßen, um per Schellenbaum an die Fastnacht zu erinnern. Bereits seit 1613 ziehen am Aschermittwoch Eiersammler durch den Ort.

Das regionale **Eifelmuseum** für Naturkunde und Kulturgeschichte ist im Gildehaus nahe der Ahrquelle auf drei Fachwerketagen untergebracht. Unter anderem sind dort Takenplatten aus Eifeler Eisenhütten und Wechselausstellungen zu sehen. Ein Aufzug ist vorhanden. Das benachbarte ehemalige Hotel zur Post und ein Teil der Stadtmauer vervollständigen das Museum. Hier finden auch zeitgenössische Wechselausstellungen statt. Das Museumscafé besitzt eine Terrasse, die den Blick auf Altstadtgassen und das Panorama von Zuckerberg und Burg lenkt *(Tel.: 0 24 49/ 95 15-0, www.eifelmuseum-blankenheim.de, Öffnungszeiten: Januar/*

BLANKENHEIM

Februar Sa/So 14–17 Uhr, März/April/Oktober bis Dezember Di–So 14–17 Uhr, Mai bis September Di–So 12.30–18 Uhr).

Ein kleines Schmuckstück aus der Zeit des Rokokos ist die **Kreuzweg-Kapelle Hülchrath** mit ihrem eisernen Glockentürmchen, die Graf Johann Wilhelm Franz von Blankenheim 1773 bis 1780 als Sühnekapelle beim Tod seiner dritten Ehefrau errichten ließ. Sie liegt am Ortsrand an der Aachener Straße oberhalb einer alten Gartenanlage. Der Weg hinauf ist mit sieben Fußfällen von 1820 und einem Kreuz markiert.

Ein Zukunftsprojekt ist die Wiederfreilegung und Erschließung der **villa rustica** am nördlichen Ortsrand von Blankenheim. Als der römische Gutshof nahe der Römerstraße nach Trier Anfang des 20. Jahrhunderts ausgegraben und archäologisch gesichert wurde, fand man in Hanglage ein riesiges Anwesen von 945 Metern Länge und 190 Metern Breite mit 75 Räumen. Es stammt aus dem 1. bis 4. Jahrhundert und besaß unter anderem eine Badeanlage und Fußbodenheizung. Auch Überreste einer Eisenverhüttung wurden innerhalb des Gutshofes gefunden. Es wurden dort Erze verarbeitet, die in der Umgebung von Blankenheim, Blankenheimerdorf und Schmidtheim im Tagebau gewonnen wurden.

Informationen: Ein geologischer Wanderpfad, der in der Ortsmitte beginnt, erschließt vier Eifeler Kalkmulden. An den Aufschlüssen können Fossilien gefunden werden. Fossilienhämmer kann man im Verkehrsbüro ausleihen.

Am **Schlossweiher** kann man Ruderboote mieten oder über den etwa einen Kilometer langen Rundweg spazieren. Gleich nebenan liegt das Freibad mit Zehn-Meter-Turm. Auf der Seebühne führt u. a. die Arturo-Schauspielschule in den NRW-Sommerferien Musicals auf *(www.blankenheimsommeramsee.de)*.

Oben: Zwei allegorische Figuren halten das Grafenwappen in der Pfarrkirche.

Unten: Nur zwei Meter breit ist das schmalste Fachwerkhaus am Zuckerberg.

Oben: Die Wacholderbüsche oberhalb von Alendorf können 2.000 Jahre alt werden.

Interessante Orte rundum

Ahrdorf

Bereits 970 wurde Ahrdorf erwähnt. Im selben Jahr wurde das Schiff der Hubertuskapelle errichtet, die in ihrem Inneren sehenswerte Altäre birgt. Die Jakobs-Mühle entstand 1818. Tradition haben in Ahrdorf seit 1975 die Seifenkistenrennen. Camper nutzen die Anlagen nahe der Ahr.

Ahrhütte

Der Ortsname verweist auf Bau- und Waffenschmieden, die schon im 15. Jahrhundert unterhalten wurden. Man verarbeitete Eisenerze aus der Gegend um Lommersdorf und Freilingen. Noch heute sind in Ahrhütte Erinnerungen an die Zeit der Eisenwerke zu sehen, zum Beispiel der Stollenhof aus dem 16. Jahrhundert, das Reidtmeisterhaus oder Straßenbezeichnungen wie „Am Hammerwerk" und „Hüttenstraße". Bis 1870 waren Hüttenwerke in Betrieb.

Unten: In dem Gurtträger in der Alten Kirche sehen Alendorfer Graf Salentin von Manderscheid-Blankenheim.

Alendorf

Das Dorf liegt inmitten einer Oase aus Wacholderhängen an Kalvarienberg, Eierberg und Hämmersberg. Schafherden pflegen die Flächen, damit andere Pflanzen auf den Kalkböden nicht die Oberhand gewinnen. Im Lampertstal und in den Alendorfer Kalktriften dehnt sich das mit rund 1.100 Hektar größte zusammenhängende Wacholdergebiet Nordrhein-Westfalens aus – das drittgrößte in Deutschland. Wacholder wird als Heil- und Gewürzpflanze kultiviert. Die Sträucher können bis zu 2.000 Jahre alt werden. Ihre Bee-

Eine Station des eindrucksvollen Kreuzweges, der in Alendorf den Kalvarienberg hinauf führt

ren reifen zwei Jahre lang, dann sind sie dunkelblau und können geerntet werden. Weil der Wacholder zu den Zypressengewächsen gehört, spricht man in Bezug auf die Umgebung von Alendorf auch gern von der „Toskana des Nordens". Tatsächlich strömen die Wiesen im Sommer eine überraschende Wärme aus.

Auf dem Kalkmagerrasen im Naturschutzgebiet **Lampertstal** sprießen mehr als 30 verschiedene **Orchideenarten**. Zauberhafte Schmetterlinge tanzen federleicht über seltenen Pflanzen wie zum Beispiel Küchenschelle und Enzian. Das Lampertstal weist außer Pflanzen und Tieren noch eine weitere Besonderheit auf: Der mäandrierende Lampertsbach verschwindet in Höhe von Ripsdorf plötzlich in der Erde und tritt erst 50 Meter weiter aus unterirdischen Klüften wieder zutage.

Schon 1827 wurden außerhalb von Alendorf die Buchen an der **Alten Kirche** (der ehemaligen Pfarrkirche St. Agatha) und am Friedhof gepflanzt. Die Ursprünge der einschiffigen Hallenkirche stammen aus dem 15. und frühen 16. Jahrhundert. Der fensterlose Turm steht vermutlich auf den Grundmauern eines frühmittelalterlichen Heiligtums. Sehenswert sind in der kleinen Bergkirche Wandmalereien und Gurtträger, die die Gewölberippen zu stützen scheinen. Einer davon zeigt Petrus mit dem Himmelsschlüssel, ein anderer vermutlich Graf Salentin von Manderscheid-Blankenheim. Ein **Kreuzweg** mit sieben Stationen von 1663 und 1680 führt von der Alten Kirche bis zum Schlusskreuz auf dem **Kalvarienberg**. In der Karwoche ziehen Prozessionen hinauf bis zum Hochkreuz.

Information: Über den Kalvarienberg und zu den Wacholderhängen im Lampertstal führt ein 19 Kilometer langer Rundweg. Der Strecke weist starke Höhenunterschiede auf, kann aber abgekürzt werden.

Interessante Orte rundum

Zum Erntedankzug tanzen Dollendorfer Mädchen in alten Trachten.

Blankenheimerdorf

Das Dorf auf der Höhe ist älter als Blankenheim. Der Ort wurde schon 721 in einer Urkunde als „blancio" benannt. Nur wenige Kilometer entfernt verlief die Römerstraße von Köln nach Trier. Mit 555 Metern über NN auf der Wasserscheide zwischen Urft und Ahr gelegen, ist Blankenheimerdorf der höchstgelegene Ort der Gemeinde.

Blankenheim-Wald

Diese Ortsbezeichnung lernen Bahnreisende zuerst kennen, denn dort liegt Blankenheims Bahnstation an der Strecke Köln-Trier. Per (Taxi-)Bus geht es zum Rathaus im Zentrum.

Dollendorf

Hoch über dem Ahrtal ragt die Ruine Schlossthal in den Himmel, die auch „Finger Gottes" genannt wird. Sie zeugt von einer ehemals mächtigen Burganlage. Bis ins 15. Jahrhundert lebten dort die Edelherren von Dollendorf, heute liegt in der Nähe ein Jugendzeltplatz. Die Ursprünge der spätgotischen Pfarrkirche St. Johann Baptist reichen bis

INTERESSANTE ORTE RUNDUM

BLANKENHEIM

1380 zurück. Zwischen Dollendorf und der Ruine Schlossthal wurde die Kreuzwegkapelle St. Antonius auf einer Anhöhe errichtet, vermutlich an der Stelle, wo sich ein römischer Tempel für den Gott Mars befand. Die Kapelle wurde 1701 zusammen mit dem Kreuzweg gestiftet. Am Karfreitag zieht eine Prozession von der Dollendorfer Pfarrkirche zur Antoniuskapelle und zum Hohen Kreuz nahe der Schlossruine.

Freilingen

Aus einer römischen Gründung ging Freilingen hervor. Eisenerzabbau war ein wichtiger Erwerbszweig. Die Barockkapelle von 1684 sowie einige Gebäude aus dem 17. und 18. Jahrhundert sind sehenswert. Selbstverständlich kann man auf den großen Liegewiesen am **Freilinger See** ganz einfach die Seele baumeln lassen. Aber er ist auch ein beliebtes Gewässer zum Baden und für Surfer, die ein leichtes Revier suchen. An Wochentagen können sie den in Wälder eingebetteten, elf Hektar großen See manchmal fast allein genießen. Die Dammkrone ist 500 Meter lang und 9,50 Meter breit. Zu angeln sind Forelle, Karpfen, Zander, Hecht und Rotauge. Zwei Grillanlagen kann man beim Verkehrsbüro buchen. Nur die Straße und ein Grüngürtel trennen den See vom 5-Sterne-Campingplatz Eifel-Camp. Dort kann man auch Mobilheime mieten. Dazu gehören Scaterpark und Tennisplätze. Sogar an eine Hundedusche ist gedacht, und man vermietet Fahrräder und Motorräder *(Tel.: 0 26 97/ 282, www.eifel-camp.de)*.

Hüngersdorf

Anderthalb Kilometer vom Dorf entfernt liegt der **Vellerhof**. Der Name geht vermutlich auf eine römische Villa zurück. Im Umkreis von sieben Hektar fand man römische Bauten, unter anderem Bäderanlagen. Heute ist im Vellerhof das Clemens-Josef-Haus untergebracht, ein Wohn- und Pflegeheim für obdachlose Männer. Dort werden Werkstätten, eine Küche und Landwirtschaft unterhalten. Die Männer können hier einen Weg zurück in die Gesellschaft finden. Im Hofladen werden Geschenkartikel aus Holz, Kupfer und Glas angeboten. Zudem gibt es Molkereiprodukte, Wurst, Gemüse, Obst etc. Da der Vellerhof ein wenig abseits liegt, freut man sich über Kunden *(Tel.: 0 26 97/91 00-0, www.vellerhof.de, Öffnungszeiten: Mo–Fr 9–11 Uhr und 14.30–17 Uhr, Sa 9–11 Uhr)*.

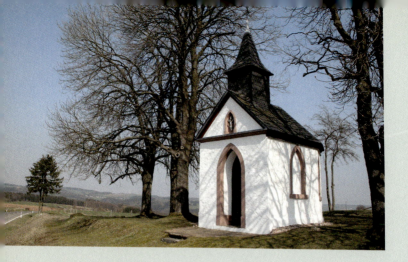

Die Hermann-Josef-Kapelle an der Straße vom Ahrtal nach Blankenheim-Ripsdorf

Lindweiler
Als Industriedenkmal wurde ein Kalkofen im Ort erhalten. Ein geologischer Lehrpfad bietet Einblick in die Formationen der Kalkmulde zwischen Rohr und Lindweiler.

Lommersdorf
Im 5. Jahrhundert entstand hier auf römischen Mauern eine fränkische Siedlung. Zwischen Lommersdorf und Ahrhütte lädt die Jodokus-Kapelle zu einem Moment der Stille ein. Von dort aus kann man einen wunderbaren Rundblick über Ahrtal und Eifelberge genießen. Früher wurden die hochwertigen Lommersdorfer Eisenerze zum großen Teil an die Kanonenfabriken von Lüttich geliefert.

Nonnenbach
Der Weiler im Wald ist bei Ausflüglern wegen seiner idyllischen Lage und eines Ausfluglokals beliebt.

Reetz
Das Burghaus aus dem 16. Jahrhundert und die Kirche, deren ältester Teil ins 15. Jahrhundert zurückreicht, sind historische Zeugen. Auch Reste römischer Besiedlung wurden gefunden.

Ripsdorf
Das Dorf liegt 512 Meter hoch zwischen Kyll und Ahr. Merowingische Gräber zeugen von einer frühen Besiedlung in fränkischer Zeit. Kern des Ortes ist ein römischer Gutshof. 1121 ist bereits eine Pfarrkirche nachgewie-

sen. Das Brothaus aus dem 17. Jahrhundert mit vorgebautem Backofen und Bruchstein-Scheune zieht in der Tränkgasse die Blicke auf sich.

Rohr

Der Name kann etwas mit Schilf zu tun haben. Der Ort wurde vermutlich als fränkischer Königshof im Tal des Armutsbaches gegründet. Reste einer Burg aus dem 13./14. Jahrhundert erinnern an alte Herrschaften. Teile der Burgmauern wurden im Steinbruch gelagert und an anderer Stelle wieder verwendet. Die Wendelinuskapelle in der Leopoldstraße befindet sich in Privatbesitz. Die Kirche St. Wendelin stammt aus dem Jahr 1870. 1990 wurde ein Dorfplatz mit Burgbrunnen eingerichtet.

Uedelhoven

Ein römischer Gutshof bildete den Anfang. Zahlreiche Gebäude stehen unter Denkmalschutz, ebenso wie die drei Kapellen am Ortsrand. Auffällig sind einige Sandsteinkreuze. Als bäuerliche Volkskunst gelten Skulpturen in der Pfarrkirche St. Mariä Himmelfahrt. Sie stammt aus dem frühen 12. Jahrhundert und wurde im 18. Jahrhundert in der heutigen Form gestaltet.

Waldorf

Der Ort wurde 1157 noch „Valendorf" genannt. Das weist auf eine Besiedlung mit einer keltisch-römischen Bevölkerung hin, die von den Germanen als „Wälsche" bzw. Fremde bezeichnet wurden. Das Sandsteinkreuz am Ahrmühlenweg zeigt Jesus, Maria, Johannes und Maria Magdalena. Ursprünge der Dionysius-Kapelle gehen ins 15. Jahrhundert zurück. 1992 wurde die Kapelle mit neuen Kreuzwegstationen des Bildhauers Josef Jansen aus Aachen ausgestattet. Ein kleines Hochmoor bei Waldorf lockt Naturfreunde mit seiner besonderen Flora.

Information: Der Ahrtalradweg erschließt das malerische Ahrtal und führt teilweise über Trassen der ehemaligen Ahrtalbahn (Remagen-Adenau). Von Blankenheim bis Ahrdorf ist die Strecke rund 14 Kilometer lang. Brücken und Viadukte, zum Beispiel am Oberahreck, bieten malerische Ausblicke. Von Ahrdorf führt der Weg noch 60 Kilometer weiter bis Sinzig, wo die Ahr in den Rhein mündet.

Oben: Eine Bruchsteinbrücke führt über die Kyll zur 1734 gebauten Brigida-Kapelle.

DAHLEM
Einwohner: 4.700
Fläche: 95 km², davon mehr als die Hälfte Wald
Orte: Baasem, Berk, Dahlem, Frauenkron, Kronenburg und Schmidtheim
Kontakt: Rathaus Schmidtheim, Hauptstr. 23, 53949 Dahlem, Tel.: 0 24 47/955 50, www.dahlem.de

Dahlem

Künstlernest mit Freizeit-Flughafen

Unten: Vor der Kirche St. Martin in Schmidtheim steht die 400 Jahre alte Gerichtslinde.

Dahlem ist klein, hat aber Rekorde aufzuweisen: Der Ort ist die kleinste Gemeinde in Nordrhein-Westfalen. Sie liegt auf der zentralen Wasserscheide der Eifel im südlichsten Zipfel des Landes. Die Quellgewässer aus dem Gemeindegebiet fließen der Mosel, der Maas und dem Rhein zu. Die frühen Siedlungen Baasem, Dahlem, Schmidtheim, Kronenburg und Frauenkron veränderten sich äußerlich 1.300 Jahre lang kaum. Dagegen wandelten sich ihre Strukturen in den letzten Jahrzehnten erheblich. Die Gemeinde besitzt zwei Bahnhöfe und einen Flughafen.

Durch das Dahlemer Gebiet streiften in der jüngeren Steinzeit Jäger und Sammler. Eine gut erhaltene Steinaxt wurden 1932 im „Escherbend", südwestlich des heutigen Gewerbegebietes Schmidtheim gefunden. Die Römer legten ihre Straße von Köln nach Trier über Dahlem. Die B

KÜNSTLERNEST MIT FREIZEIT-FLUGHAFEN

51 folgt heute dieser Trasse. Um 1300 stiegen die Herren von Kronenburg in den Ritterstand auf, und das Burgnest über der Kyll erhielt 1350 Stadtrechte. Die Franzosen ernannten Kronenburg zur Kantonshauptstadt, die sie dem Departement Lüttich zuordneten. Seit 1829 ist Schmidtheim der Verwaltungssitz der Gemeinde Dahlem.

Die Kloster-Tradition wurde 1953 wieder aufgenommen durch die Gründung von **Kloster Maria Frieden**, der einzigen Trappistinnenabtei Deutschlands mit 25 Ordensfrauen. Die aus den Niederlanden kommenden Schwestern kauften die zwischen 1935 und 1940 gebaute Musterschäferei der Nationalsozialistischen Volkswohlfahrt und bauten neben die Stallgebäude Klosteranlage und Kirche. Die liturgischen Gewänder, die sie heute an großen Handwebstühlen entstehen lassen, werden weithin von der Geistlichkeit geschätzt. An der Klosterpforte kann man unter anderem Klosterlikör kaufen. Von der Abtei ist nur die Kirche zugänglich.

Die B 51 wird in Höhe von Dahlem weiträumig gesäumt von geschütztem Kalkmagerrasen. Die Hochmoore „Wasserdell" mit „Moorpfad" sind ausgeschildert. Zwischen Berk und Baasem erfreuen Arnika-Wiesen die Naturfreunde. Größere Pfeifengras-Wiesen sind nördlich der Kreisstraße 63 und nördlich des Flugplatzes Dahlemer Binz ab dem Parkplatz Rehbach (L 110) über den Wanderweg D 6 zu erreichen.

Das Kloster Maria Frieden ist die einzige Trappistinnenabtei Deutschlands.

Interessante Orte rundum

Oben: Schafe am Burgberg von Kronenburg

Unten: Der Burgort aus der Vogelperspektive

Baasem

Eine Jugendherberge und das Ferienheim St. Ludger mit Hallenbad sind die Anlaufpunkte in Baasem. Der Ort bietet aber auch Wassertretbecken und im Winter eine Langlaufloipe sowie Wandermöglichkeiten in seiner waldreichen Umgebung. 867 wurde „Basenheim" bereits erwähnt. Im 14. und 15. Jahrhundert waren die Edelherren von Basenheim Ministerialgeschlechter der Eifel. Sehenswert ist die zweischiffige Hallenkirche mit einem Spätrenaissancealtar aus dem 17. Jahrhundert. Der Turm von St. Mariä Geburt stammt aus dem 13. Jahrhundert.

Berk

Auf das 13. Jahrhundert geht die Wallfahrtskirche St. Briktius zu Ehren der 14 Nothelfer in Berk zurück. Die Kirche wurde nach einem Brand 1977 mit modernen Formen wieder aufgebaut. Ursprünglich blieben Turm und Chor.

INTERESSANTE ORTE RUNDUM

DAHLEM

DAHLEMER BINZ

Angefangen hat es 1957 mit Segelfliegern und Windenstarts auf holperigen Wiesen. Heute ist eine Start- und Landebahn auf dem Verkehrslandeplatz oberhalb von Schmidtheim auf 1.070 Meter Länge und 30 Meter Breite asphaltiert. Anflug- und Gleitwinkelbefeuerung helfen den Piloten. Außerdem gibt es 200 Meter befestigte Überrollflächen an beiden Bahnseiten. Motorfliegern mit bis zu 5,7 Tonnen erteilen die Fluglotsen auf dem Tower Landeerlaubnis. Sie übernehmen auch Zollformalitäten für Flieger aus dem Ausland. Drei Flugbahnen für Winden- und Flugzeugschlepp dienen dem Segelsport. Neben den Flugzeughangars, einem Restaurant und einem Campingplatz gibt es auch ein Luftfahrttechnisches Unternehmen auf der Binz. Einen guten Nebeneffekt hat der Flugplatz für den engeren Bereich: Tiefflieger müssen hier eine Schutzzone umfliegen. Auch Rundflüge werden angeboten, Anmeldung am Vortag unter Tel.: 0 24 47/14 93, www.dahlemer-binz.de. Auf einer Kartbahn neben der Binz können Kleine und Große über eine Strecke von 1.122 Metern ihre Runden drehen (Tel.: 0 24 47/18 66).

An Wettbewerbstagen reihen sich Segelflieger auf der Startbahn der Dahlemer Binz auf.

67

Die Pflastergassen von Kronenburg vermitteln Romantik pur. An die Freilichtspiele erinnert die Wilhelm-Tell-Gasse (rechts).

Frauenkron

Das Dorf an der Landesgrenze rühmt sich, vor 700 Jahren aus einem gleichnamigen Zisterzienserinnenkloster hervorgegangen zu sein. Anfang des 19. Jahrhunderts vertrieben französische Soldaten die Klosterfrauen und versteigerten die Gebäude. Sehenswert ist die St. Barbara-Kapelle aus dem 18. Jahrhundert mit einem Säulenaltar aus dem 17. Jahrhundert. Die 1944 zerstörte Kapelle wurde 1952 wieder aufgebaut.

Kronenburg

Neben Reifferscheid weist Kronenburg den am besten erhaltenen **Burgbering** mit Mauern und Toren in der Eifel auf. Das entschädigt ein wenig dafür, dass von der herrschaftlichen Burg nur noch Ruinenreste zeugen. Die Kulisse war wie geschaffen für die Tell-Freilichtspiele, die Pfarrer Winkelschmidt von 1922 bis 1926 inszenierte, um seine arbeitslosen Mitbürger von Selbstgebranntem und Glücksspiel abzuhalten. 60.000 Besucher kamen dazu an Sommersonntagen in Sonderzügen aus dem ganzen Rheinland. Es gab 55 Aufführungen. Heute erinnern noch die Wilhelm-Tell-Gasse mit Treppenzugang durch das mittlere Tor und das Tell-Häuschen am Fuß der Burgruine an die Spielzeiten. Der Burghof fasste 2.000 Zuschauer auf Bänken. Das **Burghaus** entstand 1766 als

INTERESSANTE ORTE RUNDUM

DAHLEM

Verwalterhaus der Grafen von Blankenheim. Als Inhaber folgte der Eisenhüttenbesitzer Thomas Faymonville von Kronenburgerhütte. Zurzeit ist das Burghaus ein Seminarhotel. Drei Suiten tragen Namen aus dem Gästebuch des Hauses: Napoleon, Konrad Adenauer und Prinzessin Caroline von Monaco.

Alle Häuser im Burgbering, die in der Regel gründlich restauriert wurden, stehen unter Denkmalschutz. Ein prominenter Zweithaus-Besitzer in Kronenburg ist der Kölner BAP-Frontmann Wolfgang Niedecken. Seinen Namen als „Künstlernest" erwarb sich Kronenburg im Dritten Reich, als Hermann Göring für den von ihm geschätzten Professor Werner Peiner eine Außenstelle der Düsseldorfer Malerakademie außerhalb der Burgmauern errichten ließ. Das Bruchsteingebäude mit seinen hohen Atelierfenstern, hinter denen Gobelins für die Reichskanzlei und riesige Ölbilder entstanden, wird heute als Haus der Lehrerfortbildung des Landes genutzt. Das persönliche Atelier von Werner Peiner im Ortskern neben der Kirche wurde als „Eifelhaus" zum Restaurant umfunktioniert. Unterhalb der Burgmauer wurden im Halbrund des Hanges über dem Kylltal die Trockenmauern früherer Terrassengärten wieder hergestellt.

Im **Ortskern** von Kronenburg kam es im 15. Jahrhundert mit der Pfarrkirche St. Johann Baptist zu einer bemerkenswerten spätgotischen Bauschöpfung. Eine einzige Säule, schlank wie eine Palme, trägt das gesamte Sterngewölbe. Die Gewölbeschlusssteine sind mit Wappen versehen, darunter Hammer und Zange der Kronenburger Hütte. Ein Rundbogen zeigt ein Fresko der klugen und törichten Jungfrauen. Eine der ältesten Ansichten von Kronenburg ist in einem Wandbild am Seitenaltar mit Georg als Drachentöter zu sehen. An die Landstraße zwischen Stadtkyll und Kronenburg grenzt ein ehemaliges Kalkwerk mit Steinbruch. Das Dolomitgestein aus dem Mitteldevon, das hier schon früh abgebaut wurde, ist 350 Millionen Jahre alt. Zu sehen ist noch eine Doppelofenanlage mit Kalkmühle. Bis 1979 war das Kalkwerk Brandenburg in Betrieb.

Von der Burgruine blickt man über die Kronenburger Kirche St. Johann Baptist ins Kylltal.

Zum Baden, Surfen, Angeln und Tretbootfahren lädt der Kronenburger See ein.

Kronenburgerhütte

Eine Eisenhütte, die bis zur Mitte des 19. Jahrhunderts betrieben wurde, verlieh dem Weiler den Namen. Hier wurden Stubenöfen, gusseiserne Takenplatten und Brandroste produziert, die bis an den Niederrhein und in die Niederlande geliefert wurden. An der Bruchsteinbrücke über die Kyll wurde 1734 die Brigidakapelle gebaut.

Kronenburger See

Südlich von Dahlem lädt der Kronenburger See im Kylltal mit 27 Hektar Wasserfläche zu Erholung und Wassersport ein. Die Landesgrenze zu Rheinland-Pfalz verläuft in der Mitte des Staubeckens von Kyll und Taubkyll, das auch als Hochwasserrückhaltebecken dient und damit das benachbarte Stadtkyll schützt. Die Liegewiesen sind großflächig. Tennisplätze, Minigolf, Bocciabahn, Rollschuhbahn, Wassertrampolin, Wasserrutschen und Kletter-Eisberg locken mit sportlichen Herausforderungen. Am See vertragen sich Angler und Fliegenfischer mit Seglern, Surfern und Tretbootfahrern. 200 Dauer- und 120 Touristenstellplätze bietet der Campingplatz. Zum Feriendorf am See mit 130 Bungalows gehören Restaurant, Sporthalle, Schwimmbad und Supermarkt. Wohnmobilen werden Stellplätze und Entsorgungsstelle am See geboten. Für größere Familien, Jugendgruppen und Schulklassen ist das „Biber Camp" an der Seeuferstraße zwischen Jugendzeltplatz und Campingplatz gedacht *(www.biber-camp-kronenburg.de)*.

INTERESSANTE ORTE RUNDUM

DAHLEM

Schmidtheim

Um die Schmidtheimer Höhe zu schaffen, wurden bis in die 1970er Jahre Personen- und Güterzüge auf der Strecke Köln-Trier mit zwei Loks bespannt. Schmidtheim ist Sitz der Gemeindeverwaltung. Schlossherren in Schmidtheim sind seit 1511, als das Geschlecht der Herren von Schmidtheim ausstarb, die Grafen Beissel von Gymnich. Zum Erhalt des repräsentativen Wohnsitzes tragen Erlöse aus der Forstwirtschaft und einer Kiesgrube bei. Eine Kastanienallee führt zum Schloss, das als eines der am besten erhaltenen Herrenhäuser der Eifel gilt. Das Schloss kann nicht besichtigt werden, ein Blick über die Burgmauer in die Parkanlagen lohnt sich jedoch. In der Nachbarschaft des Schlosses steht die Kirche St. Martin. Auf dem kurzen Weg dorthin geht man an der 400 Jahre alten Gerichtslinde vorbei, die einen beeindruckenden Umfang hat.

Im „Eichholz" verläuft auf 500 Meter Länge etwa 2,40 Meter breit und 1,50 Meter hoch ein Erdwall in Form eines Fragezeichens. Heimatforscher deuten ihn als an einen keltischen Schutzwall. Das Rheinische Amt für Denkmalpflege sieht in diesem Wall am Abzweig B 15/L 204 (Kaiserhaus) einen Teilabschnitt der Römerstraße von Trier nach Köln. Andere Erdaufwürfe erinnern in Dahlem, Schmidtheim und Stadtkyll an frühere kleine Eisenerzgruben, deren Ausbeute in Kronenburgerhütte und Hammerhütte verarbeitet wurden.

Schloss Schmidtheim gilt als eines der am besten erhaltenen Herrenhäuser der Eifel.

Einer der vier Türme in Euskirchens Stadtmauer aus dem 14. Jahrhundert ist der Fresenturm.

EUSKIRCHEN
Einwohner: 55.360
Fläche: 139,51 km², davon mehr als die Hälfte landwirtschaftlich genutzt
Orte: Billig, Dom-Esch, Elsig, Euenheim, Euskirchen, Flamersheim, Frauenberg, Großbüllesheim, Kessenich, Kirchheim, Kleinbüllesheim, Kreuzweingarten, Kuchenheim, Niederkastenholz, Oberwichterich, Palmersheim, Rheder, Roitzheim, Schweinheim, Stotzheim, Weidesheim, Wisskirchen und Wüschheim
Kontakt: Stadt Euskirchen, Kölner Str. 75, 53879 Euskirchen,
Tel.: 0 22 51/14-0, www.euskirche.de und www.unser-euskirchen.de
Bürgerbüro, Altes Rathaus, Baumstr. 2, 53879 Euskirchen,
Tel.: 0 22 51/14-520 oder Info-Punkt vor dem Bahnhof

Euskirchen

Aufschwung seit der Kaiserzeit

Es war die Kirche in der Aue, die „Augstchirche", die Euskirchen den Namen verlieh, der von daher auf der ersten Silbe betont wird. Die Stadt präsentiert sich als vielseitiges Mittelzentrum und Verwaltungssitz für den Kreis Euskirchen. Das Bildungsangebot der Schulstadt umfasst unter anderem zwei Gymnasien, zwei Realschulen, Berufsschulen, Berufsbildungszentrum, verschiedene Behinderten- und Förderschulen sowie Musikschule, Volkshochschule und eine Filiale der Fernuniversität Hagen. Die Stadt ist als Einkaufsziel beliebt, einerseits wegen ihrer Angebote in der Innenstadt, andererseits wegen der Gewerbegebiete und Shopping

AUFSCHWUNG SEIT DER KAISERZEIT

Malls am Rande. Auch das Kultur- und Freizeitangebot setzt Akzente für das Umland. **Ruhr-** und **Schillerpark** sowie die 1896 geschaffenen **Erftanlagen** und der um 1900 gärtnerisch gestaltete **Stadtwald** mit seinem sprudelnden Schillerstein von 1905 laden zu erholsamen Pausen ein. Der Stadtwald ist das bevorzugte Revier der Jogger, während für die Nordic-Walker im Billiger Wald Wege mit unterschiedlichen Profilen ausgewiesen sind.

Geschichte: Schon 870 wird Euskirchen schriftlich erwähnt. Zuvor hatten Römer als frühe Siedler bereits Spuren in einigen der 21 Ortsteile hinterlassen, die zum Teil älter als die Kernstadt sind. Die Reste der Römerstraße von Trier nach Köln warten unter anderem im Ortsteil Billig darauf, von Archäologen markiert zu werden. 1302 erhielt Euskirchen Stadtrechte. Von der einmal 1.450 Meter langen Stadtmauer aus dem 14. Jahrhundert sind noch einige Abschnitte mit drei der früher sieben Wehrtürme erhalten. Von den vier Stadttoren künden nur noch Straßennamen wie zum Beispiel der Disternicher Torwall. Rund fünf Jahrhunderte lang umschloss der Mauerring die Stadt.

In den Ortsteilen sind **zwölf Burgen** aus dem Mittelalter erhalten. Damit gehört Euskirchen zu den burgenreichsten Regionen in Deutschland. Die Anlagen reichen von der Ruine über den befestigten Gutshof bis zum

Den Alten Markt verwandeln Kneipen, Bistros und Cafés zu einer großen Terrasse.

AUFSCHWUNG SEIT DER KAISERZEIT

barocken Schloss. Sie werden heute recht unterschiedlich genutzt, teilweise sind private Mieter eingezogen.

Auf einer antiken Motte entstand in Kuchenheim das Selbstversorgerhaus Mottenburg.

Information: Eine reizvolle Burgenrunde, die streckenweise der Wasserburgen-Route folgt, erschließt die mittelalterlichen Anlagen im Stadtgebiet. Insgesamt ist sie 45 Kilometer lang, kann aber abgekürzt werden. Eine Beschreibung gibt's im Bürgerbüro im Alten Rathaus (s. S. 72).

In der zweiten Hälfte des 19. Jahrhunderts nahm die Stadt einen sprung-

haften Aufschwung: Die Bevölkerung verdoppelte sich innerhalb von 30 Jahren und wuchs bis 1900 auf mehr als 10.000 Personen. Der deutsch-französische Krieg (1870/71) brachte der Tuchindustrie lukrative Aufträge. Von da an spezialisierten sich einige der zahlreichen Textilfabriken im Stadtgebiet auf Militärtuch. Auch der Anschluss an die Eisenbahnlinien nach Köln, Bonn, Trier und Düren förderte das schnelle Anwachsen der Bevölkerung. Zeitweise gab es mehr als 20 **Tuchfabriken** in Euskirchen. Erft, Erftmühlenbach, Steinbach/Ohrbach, Veybach, Bleibach und Mitbach boten gute Voraussetzungen. Man sagte, dass man am Erftmühlen-Bach mit einem Steinwurf sieben Tuchfabriken erreichen konnte. Obwohl die letzte und größte Weberei erst 1981 schloss, drohte die bedeutende Phase der Industriegeschichte zeitweise in Vergessenheit zu geraten. Im Jahr 2000 aber eröffnete der Landschafts-

Aufschwung seit der Kaiserzeit

verband Rheinland in Kuchenheim die Tuchfabrik Müller als Teil des Rheinischen Industriemuseums (s. S. 86).

Wirtschaft: Die mittelständische Wirtschaft floriert in Euskirchen. Der Standort profitiert von der Nähe zur Rheinschiene und den Anschlüssen an A 1 und A 61. Größter Arbeitgeber ist mit rund 1.500 Beschäftigten in der Produktion von Babywindeln seit 1976 Procter & Gamble im Industriepark am Silberg bei Großbüllesheim. Auch die Niederlassungen

von Miele, Nestlé, DHL und Metsä Tissue bieten zahlreiche Arbeitsplätze. Die Gabel Meca KG vermittelt Zubehör an Automobilwerke in ganz Europa. Die landwirtschaftlichen Flächen rund um Euskirchen werden stark vom Gemüse- und Rübenanbau geprägt. Von Oktober bis Dezember rollen in der Rübenkampagne hochbeladene Traktorgespanne und Lastwagen sternförmig zur Zuckerfabrik von Pfeifer & Langen. Als Militärstandort beherbergt Euskirchen das Amt für Geo-Informationswesen der Bundeswehr in der Mercator Kaserne. Dort hat auch die Big Band der Bundeswehr ihren Standort.

Der Gewerbebrunnen auf dem Alten Markt zeigt Marktfrau, Weber und Gerber.

Verkehr: Am Knotenpunkt verschiedener Eisenbahnlinien besitzt der **Bahnhof** eine zentrale Bedeutung. Dort haben auch überregionale Buslinien sowie die blau-gelben Stadtbusse ihre Station, die im 20-Minuten-Takt bis in die Außenorte fahren. Euskirchen erhielt den Titel „Fahrrad-

AUFSCHWUNG SEIT DER KAISERZEIT

Das alte Rathaus in der Baumstraße wird von der Volkshochschule der Stadt genutzt.

freundliche Stadt", nachdem entlang einiger Straßen im Zentrum Radwege markiert wurden. Auch das Fahren gegen die Einbahnstraße ist vielerorts erlaubt. Da zusätzlich eine Menge Fahrradständer installiert wurden, nutzen viele das Angebot, Besorgungen im Stadtzentrum angenehm auf zwei Rädern zu erledigen. Auch im radlerfreundlich flachen Umland von Euskirchen findet man zahlreiche Radwege, zum Beispiel entlang der Erft.

Kultur: Das **Stadttheater** im Emil-Fischer-Gymnasium bietet durch Tourneetheater ein populäres Angebot. Konzerte, Messen und Groß-Events nimmt das **City Forum** in der Hochstraße auf, in dem sich auch das Theaterbüro befindet *(Tel.: 0 22 51/ 740 40)*. Die beiden Galleria-**Kinocenter** (Berliner Str. 23 und Hochstr. 38) zeigen in acht Sälen aktuelle Spielfilme *(Tel.: 0 22 51/78 26 10)*. Ergänzt wird die Kulturszene von Angeboten in der **Comedia** im ehemaligen Franziskaner-„Klösterchen" an der Ecke Münstereifeler Straße/Eifelring *(Tel.: 0 22 55/95 82 34, www.kikev.com)*. Das Theater **Limelight** (Oststr. 10, Tel.: 0 22 51/92 16 40) wendet sich in seinem Programm hauptsächlich an Kinder. In der Burg Veynau gibt das Figurentheater **spielbar** Vorstellungen für Kinder und Erwachsene *(Tel.: 0 24 86/80 28 82, www.figurentheater-spielbar.de)*. Die freie Kulturszene Euskirchens konzentriert sich zudem auf das denkmalwerte **Casino** in der Kaplan-Kellermann-Straße. Trotz jahrelangen Verfalls strahlt das denkmalgeschützte „Gesellschaftshaus" noch Spuren vergangener Größe aus. 1897 hatten Bürger und Unternehmer das Haus als gesellschaftlichen Treffpunkt mit Ballsaal und Gewölbekellern gebaut. 2002 wurde es von Künstlern wiederentdeckt und wird seitdem Schritt für Schritt saniert. Als Biennale bietet hier das 14-tägige Kulturfestival „Casinale" Musik, Show und Theater. Auch zeitgenössische Künstler und Fotografen zeigen ihre Werke, und es gibt ein Kurzfilm-Festival. Ein Förderverein nimmt mit einer Bürgerstiftung das Engagement zur Instandsetzung des Hauses in die Hand *(Tel.: 0 22 51/ 637 33)*. Die **Stadtbibliothek** *(Kirchstr. 5–7, Tel.: 0 22 51/553 14)* bedient mit 38.000 Medieneinheiten jährlich rund 85.000 Interessenten.

Abstraktes und ein Sparschwein

Kunst findet in Euskirchen auch öffentlichen Raum. Der in Bronze gearbeitete „Gewerbebrunnen" auf dem Alten Markt stellt vor der Kulisse eines mehrstöckigen Fachwerkhauses ein beliebtes Fotomotiv dar. Moderne Plastiken stehen im Skulpturenpark entlang des Veybachs vor seiner Mündung in die Erft im ehemaligen Landesgartenschaugelände. Vor dem Alten Rathaus, vor der Herz-Jesu-Kirche und im Kreisel im Industriepark wurde von den Künstlern Eisen als Material bevorzugt. Enrique Asensi stellt in einer sehenswerten Skulptur zwei Stehlen aus Strahl und Granit in die Mitte des Europakreisels an der Gerberstraße.
Vor dem Standesamt im Rathaus an der Kölner Straße steht Enrique Asensis „Familie" in Kunststeinhohlguss. Im Rathausflur hat Wolfgang Metzler seine Holzfigurengruppe „Weise" postiert. Als jüngste Kunstmeile wurde die Kölner Straße zwischen Amtsgericht und Ringstraße gestaltet: Dort ziehen zehn Plastiken aus Holz, Stahl und Stein im mittleren Grünstreifen die Blicke an. Vor dem Amtsgericht an der Kölner Straße laden Objekte und ein Labyrinth mit Skulpturen von Gesa Krieg zu einem Abstecher ein. Im Klostergarten wurde dem Sparschwein ein Denkmal gesetzt – als Anspielung auf die allgemeine Kassenlage, aber auch auf den Ortsteil Schweinheim, in dem Ritter Spieß von Büllesheim 1576 das Sparschwein erfunden haben soll.

Oben: Das Sparschwein im Klostergarten ehrt seinen Erfinder Ritter Spieß von Büllesheim aus Euskirchen-Schweinheim.

Unten: Im Skulpturengarten am Veybach

AUFSCHWUNG SEIT DER KAISERZEIT

Links: Um 750 entstand St. Martin.

Rechts: 70 Meter ragt die Herz-Jesu-Kirche über die Innenstadt.

Kirchen: Als ältestes Gotteshaus erhebt die kunstgeschichtlich interessante Pfarrkirche **St. Martin** seit der Zeit um 750 ihren schiefen Turm über der Altstadt an der Kirchstraße. Im Reichtum der Ausstattung spiegelt sich der zeitweise Wohlstand der Stadt. Von einmal sieben Altären gilt der um 1510 entstandene Antwerpener Hochaltar aus der Werkstatt des Adrian van Overbeck als der kostbarste. Er ist allerdings nicht mehr

in der ursprünglichen Form als Annen-Altar erhalten, denn er wurde 1807 mit Teilen des Petrus-Altares vereint. Im Zentrum steht die Darstellung der heiligen Familie mit Maria im Mittelpunkt. Zelebriert wird heute an einem Altar, der aus der ehemaligen Kanzel von 1877 geformt wurde. Ältestes Ausstattungsstück ist der Taufstein aus Namurer Blaustein aus der Zeit um 1190.

Dominierend reckt die 1909 konsekrierte neugotische **Herz-Jesu-Kirche** (Ecke Gansweide/Herz-Jesu-Vorplatz) ihren fünfgeschossigen,

Das Alte Gymnasium an der Billiger Straße stammt aus der Kaiserzeit.

über 70 Meter hohen Turm über der Innenstadt in den Himmel. Sie wurde gebaut, weil die Martin-Kirche den Andrang der Gläubigen Ende des 19. Jahrhunderts nicht mehr fasste. Links neben dem Eingang ist die „Euskirchener Madonna" platziert, die als Gnadenbild bereits im 16. Jahrhundert verehrt wurde. Etwas abseits vom Zentrum liegt in der Südstadt das **Franzikanerkloster vom hl. Paschalis Baylon** mit der angeschlossenen Kirche **St. Matthias** (Franziskanerplatz 1). Der markante Bau aus unbehauenen Natursteinquadern mit Kirche und Begegnungsstätte „Forum", der auf moderne Weise franziskanische Schlichtheit betont, entstand 1965 bis 1967 nach Plänen der Architekten Emil Steffann und Gisbert Hülsmann.

Schon um 1600 waren in Euskirchen Protestanten ansässig. Im neoromanischen Stil wurde 1895 die an der Kölner Straße 41 liegende **Evangelische Kirche** gebaut. Sie besitzt ein modernes Besucherzentrum, in dem auch regelmäßige Veranstaltungen stattfinden. Die mennonitische Gemeinde von Evangeliumschristen besitzt ein **Bethaus** und ein Gemeindezentrum an der Kommerner Straße 140. Deutschstämmige Aussiedler aus Russland bauten dafür Offizierscasino und Kino der ehemaligen belgischen Kaserne um. An die stattliche **Synagoge** und die ehemals große jüdische Gemeinde erinnert eine Anlage mit Denkmal an der Annaturmstraße nahe der Martinkirche. Die Synagoge ging am Abend des 10. November 1938 in Flammen auf, einen Tag nach der Pogromnacht und zur gleichen Zeit, als auf dem Annaturmplatz das Martinsfeuer brannte.

Auf den Spuren der Geschichte: Weit über 500 Eintragungen in die Dankmalliste weist Euskirchen aus. Innerhalb der ehemaligen Stadtmauer erschließt eine weitläufige Fußgängerzone Kaufhäuser und zahlreiche Einzelhandelsgeschäfte sowie Cafés, Restaurants und Eissalons, Bistros und Straßencafés. Ein Spaziergang über die Wallgassen mit den

Aufschwung seit der Kaiserzeit

Vier Motorräder des legendären Konstrukteurs Neumann-Neander stellt das Stadtmuseum aus.

ältesten Häusern der Stadt und durch die noch vorhandenen Altstadtteile im Kernort wird mit Entdeckungen belohnt. Am Ende des Zweiten Weltkrieges war Euskirchen zu 81 Prozent zerstört, dennoch blieben insbesondere an Hausfassaden Zeugnisse aus der wilhelminischen Zeit erhalten, die die Stadt mit monumentalen Bauten und Villen prägte. Auch das Alte Gymnasium an der Billiger Straße (heute Förderschule) ist ein solches Denkmal der Kaiserzeit im Stil der Neo-Renaissance.

Zentrum des historischen Kerns ist der **Alte Markt**. Vor der Kulisse von alten Häusern, die an drei Seiten erhalten blieben, kann man dort Außengastronomie in unterschiedlicher Form genießen. Der **Gewerbe-Brunnen** des Aachener Bildhauers Bonifatius Stirnberg von 1984 zeigt in Bronze früher typische Euskirchener Berufe: Eine Bäuerin, ein Gerber und ein Weber sind dort unermüdlich bei der Arbeit. Im nahe gelegenen **Alten Rathaus** sind das Bürgerbüro der Stadtverwaltung und die Volkshochschule untergebracht. Dort gibt es auch für auswärtige Besucher Informationsmaterial. Am **Viehplätzchen**, wo früher Kleinvieh verkauft wurde, erinnert eine nostalgische Handpumpe an einen ehemaligen Brunnen.

Im **Dicken Turm** an der Martinskirche und dem angrenzenden ehemaligen Haus Bibo hat sich das **Stadtmuseum** etabliert, um auf drei Etagen Wechselausstellungen zu zeigen. Als Dauerausstellung werden in der frü-

AUFSCHWUNG SEIT DER KAISERZEIT

heren Pulverkammer die Kirchenschätze von St. Martin gezeigt. Auf der Empore sind als Augenschmaus für Technik-Fans vier Oldtimer-Motorräder zu sehen, die in der Motorradschmiede des legendären Konstrukteurs Ernst Neumann-Neander entstanden sind, der 1924 bis 1926 in Euskirchen zukunftsweisende Modelle baute. Die Landschaftsmalerei ist mit Werken von Konrad Schaefer und Fritz von Wille vertreten. Im Kaminsaal des Turmes finden regelmäßig Konzerte, Vorträge und Trauungen statt *(Kirchstr. 12, Tel.: 0 22 51/ 97 03 86, www.euskirchen.de, Öffnungszeiten: Di–Do 10–12 Uhr und 15–18 Uhr, Fr 10–12 Uhr, Sa 13–16 Uhr, So 11–18 Uhr).*

Informationen: Führungen zur Stadtgeschichte: 1. Samstag im Monat, 15 Uhr ab Stadtmuseum, ca. 1,5 Std. Die **Radtour** „Auf den Spuren der Kaiserzeit" ist ca. 19 Kilometer lang *(Auskunft: Stadtmuseum und www.euskirchen.de).*

Zu den **prominenten Köpfen** in Euskirchen zählen der Chemiker Emil Fischer (Nobelpreis 1902), der Politiker Thomas Eßer (1926–1933 Vizepräsident des Reichstags) und der Widerstandskämpfer Willi Graf (1918 in Kuchenheim geboren, 1943 als Mitglied der Weißen Rose ermordet).

Wellness: Saunalandschaft mit See, Gesundheits- und Sportbad soll die neue Therme umfassen, die als Wellness-Oase an der Erft geplant ist. Wer lieber in der freien Natur seine Runden im Wasser dreht, geht ins idyllische **Waldfreibad** an der Steinbachtalsperre im Ortsteil Kirchheim (s. S. 84).

Das Stadtmuseum zeigt Wechselausstellungen und Kirchenschätze von St. Martin.

Der Dorfplatz von Billig, das aus dem römischen Lager Belgica hervorgegangen ist

Interessante Orte rundum

Billig

Der Name des Dorfes geht auf das römische Lager Belgica zurück, in dem neben Legionären auch Händler und Handwerker lebten. Bei Ausgrabungen, deren Ergebnisse im Rheinischen Landesmuseum Bonn aufgehoben werden, wurden unter anderem Grabsteine und eine Bacchus-Büste aus Bronze gefunden. Den Namen sollen die Römer von den Kelten übernommen haben, die ihre Siedlung nach einem Bach Belga benannten. Der Billiger Wald wird zur Naherholung genutzt. Vom Billiger Knipp an der Straße nach Antweiler genießt man einen so guten Blick über Euskirchen, dass sich in der Silvesternacht dort zahlreiche Schaulustige zum Blick auf das Feuerwerk einstellen.

Flamersheim

Im 12. Jahrhundert entstand die Pfarrkirche St. Stephanus. Die Burg erhielt gegen Ende des 18. Jahrhunderts ihre barocke Gestaltung mit Garten- und Teich-Anlagen. Das Musikzimmer im Haupthaus ist mit seinen zartgrünen Stuckinstrumenten an den Wänden noch exakt so erhalten wie im Sommer 1781, als der zehnjährige Ludwig von Beethoven in Begleitung seines Vaters Johann von Bonn kommend hier zu einem kleinen Konzert Station machte. Die dem Hauptgebäude vorgelagerten Stallungen und Gerätehäuser wurden zu Komfortwohnungen umgebaut. Im Feuerwehrmuseum (Große Höhle 17) wurde auf 250 Quadratmetern altertümliches Löschgerät zusammengetragen. Man findet Rucksack-, Kübel- und Tragkraftspritzen aus der ganzen Welt sowie Orden- und Ehrenzeichen aus

100 Jahren *(Voranmeldung erforderlich bei Familie Büllesfeld unter Tel.: 0 22 55/61 85, www.feuerwehrmuseum-flamersheim.de)*. Der Flamersheimer Wald bildet zusammen mit benachbarten Palmersheimer und Kirchheimer Flächen eines der größten zusammenhängenden Forstgebiete in Deutschland.

Oben: Mit großem Gartenteich und Park imponiert die barocke Burg Flamersheim.

Frauenberg

Der Ort profitierte bis ins 19. Jahrhundert von der Kreuzung der Straßen von Euskirchen nach Düren und von Kommern nach Liblar. Letztere nannte man Bleistraße, weil darüber Bleierz aus den Mechernicher Bergwerken zur Rheinschifffahrt transportiert wurde. Weithin sichtbar im flachen Umland ist die kunstgeschichtlich wertvolle Kirche St. Georg, die auf einem kleinen Hügel errichtet wurde. Die ursprüngliche Saalkirche des 9. Jahrhunderts wurde ab 1100 zur romanischen Pfeilerbasilka erweitert. 1951 legte man spätgotische Malereien frei: Rankenornamente sowie figürliche Fresken, darunter im Nordchor eine Darstellung des Weltgerichts. Aus dem 15. Jahrhundert stammt der wertvolle Antwerpener Schnitzaltar. Im Zentrum des Sippenaltars steht eine Pieta aus dem 14. Jahrhundert, die auch bei Wallfahrten verehrt wurde. Die Ausmalung der Kirche reicht in frühe 16. Jahrhundert zurück. Auf Vereinbarung kann die Kirche besichtigt werden *(Tel.: 0 22 51/552 10)*.

Unten: Auf einem Hügel steht seit dem 9. Jahrhundert St. Georg in Frauenberg.

Interessante Orte rundum

Großbüllesheim
Das Dorf besitzt eine Wasserburg aus dem 14. Jahrhundert. Sie wurde im 19. Jahrhundert durch eine Mauer in zwei Teile geteilt. Seitdem hat die Burg zwei Besitzer.

Kessenich
In der Erftaue macht das Dorf mit einer ziegelrot leuchtenden Burg auf sich aufmerksam. Sie wurde 1339 erstmals erwähnt.

Kirchheim

Die Erftauen sind Euskirchen als Erholungsraum von der Landesgartenschau geblieben.

Die 1934 bis 1936 gebaute **Steinbachtalsperre** ist die Attraktion von Kirchheim. Rund 1,3 Millionen Kubikmeter Wasser dienten zunächst als Reservoir für Gewerbe und Industrie. Der Damm hat eine Kronenlänge von 240 Metern. Bis 17 Meter ist der See tief. Mittlerweile überwiegt die Bedeutung als Ausflugsziel, in dessen Zentrum das 7.500 Quadratmeter große romantische **Waldfreibad** mit naturbelassenem Talsperrenwasser steht. Für Kinder und Nichtschwimmer gibt es ein 1.500 Quadratmeter großes Becken mit 30-Meter-Rutsche. Das Bad ist barrierefrei zugänglich *(Talsperrenstr. 1, Tel.: 0 22 55/65 20)*. Der Rundgang um die Talsperre ist ca. drei Kilometer lang. Tafeln entlang des Weges informieren über Flora und Fauna. Rund um die Steinbachtalsperre entwickelte sich ein weiträumiges Wandergebiet. Am südlichen Ufer der Talsperre wurde ein großer Freizeitbereich geschaffen mit Spielplatz, Hängebrücke und Minigolf-Anlage *(Tel.: 0 22 55/95 87 35)*. Die **Waldschänke** mit hauseigener Brauerei und großer Terrasse wird gern als Ausflugsziel genutzt.

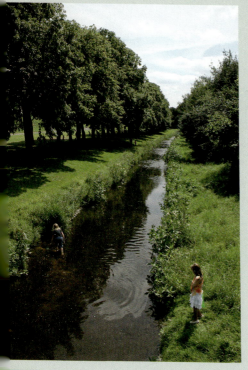

Kleinbüllesheim

Der Name des Dorfes lässt nichts Gewaltiges erwarten, doch die Große Burg von Kleinbüllesheim gehört mit Park, Torhaus und Vorburg zu den bedeutendsten Profanbauten der Region. Das barocke Herrenhaus wurde von Johann Conrad Schlaun geplant, der auch das mittelalterliche Torhaus überarbeitete. Die Burg wurde bereits im 14. Jahrhundert erwähnt. Zur Burg gehört die Kirche Johannes der Täufer aus dem 12. Jahrhundert, die romanische Elemente aufweist und heute von der Griechisch-Orthodoxen Gemeinde genutzt wird. Katholische Gottesdienste finden seit 1907 in der neugotischen Kirche St. Peter und Paul statt.

Die Burg von Kleinbüllesheim gehört mit Park, Torhaus und Vorburg zu den bedeutenden Profanbauten der Region.

Kreuzweingarten

Der Ortsname wird – wie viele Dörfer der Umgebung – schon 893 im Prümer Urbar erwähnt. Der Name lässt erkennen, dass dort einmal Wein angebaut wurde. Am Hang der Hardt hoch über der Erft steht als Wahrzeichen ein markantes weißes Kreuz. Die Kirche „Auffindung des heiligen Kreuzes" geht auf das 13. Jahrhundert zurück. Sie wurde mit einem steilen, zur Meditation anregenden Aufgang auf einem Hügel errichtet, wo vermutlich bereits die Römer ein Heiligtum unterhielten. In dem kleinen Gotteshaus, das Kreuz-Reliquien besitzt, fühlt man sich ein wenig den modernen Zeiten entrückt. Ein Abschnitt der römischen Wasserleitung aus der Eifel nach Köln (s. S. 153) ist am Römerberg anzuschauen. Auch ein Mosaik wurde freigelegt, das heute im Rheinischen Landesmuseum in Bonn aufbewahrt wird. Heimatforscher haben die Geschichte ihres Dorfes Kreuzweingarten umfassend aufgearbeitet *(www.woenge.de)*. Ein Wahrzeichen Kreuzweingartens ist der historische Gasthof „Zum alte Brauhaus".

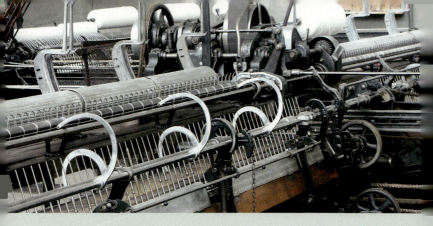

Auch die Spinnmaschinen in der ehemaligen Tuchfabrik Müller werden bei Führungen in Gang gesetzt.

EINE TUCHFABRIK À LA 1900

*Seit dem Jahr 2000 gehört die ehemalige **Tuchfabrik Müller** in **Kuchenheim** zu den Standorten des Rheinischen Industriemuseums. Bis 1961 wurde dort noch per Dampfkraft mit einem kompletten Maschinenpark aus der Zeit vor 1900 produziert. Als die Fabrik schloss, blieb alles unverändert – bis zur Wiederentdeckung durch Museumsfachleute. Als hätte ein Prinz ein Dornröschenschloss nach 40-jährigem, unberührten Schlaf zu neuem Leben erweckt, wurde dann die Verarbeitung der Schafwolle bis zum Anzugtuch für Besucher wieder in Gang gesetzt. 60 Großmaschinen – darunter Krempelwolf und Selfaktoren, Kettschärmaschinen und Webstühle – gehören zum Ensemble, dazu kommen Färberei, Appretur, Kontor und Tuchlager. Faszinierend wirken die Spuren des Alltags: Kaffeetassen und Zeitungen, Jacken und Mützen, die die Arbeiter zurückließen, oder Notizen an der Wand. Eine zusätzliche Halle steht für Dauer- und Wechselausstellungen rund um die Textilverarbeitung bereit. In den Ferien werden Kinderprogramme angeboten. Im Juni lässt der Wollmarkt altes Händlertreiben aufleben. An den „Dampfsonntagen" werden die alte Dampfmaschine sowie einige der historischen Maschinen in Betrieb genommen. Am Museum kann man auch Fahrräder ausleihen. Vor der Fabrik wurde eine auf einer frühzeitlichen Motte entstandene Befestigung aus dem Mittelalter, die Obere Burg, mit Wassergraben restauriert und um ein Selbstversorgerhaus mit Seminarräumen erweitert. Das Museumsgästehaus heißt jetzt „Mottenburg" (Tuchfabrik Müller, Carl-Coenen-Str., 53881 Euskirchen, Tel.: 0 22 51/14 88-0, www.rim.lvr.de, Öffnungszeiten: Di–So 10–17 Uhr, Führungen: Di–Sa 11, 14, 15 und 16 Uhr, So 11, 12, 13, 14, 15 und 16 Uhr sowie nach Vereinbarung).*

EUSKIRCHEN

Niederkastenholz
Im Dorf erinnert ein Brunnen an frühe Besiedlung durch die Römer. Die mittelalterliche Burg präsentiert sich heute nach umfangreichen Sanierungsmaßnahmen äußerlich wieder weitgehend im Erscheinungsbild des 18. Jahrhunderts.

Ein Ruinenrundweg vermittelt gute Eindrücke von der mächtigen Hardtburg bei Stotzheim.

Rheder
Die neogotische Kapelle Maria vom guten Rat in Rheder beherbergt die Kopie eines Marien-Gemäldes des französischen Historienmalers Diogène Maillard.

Ringsheim
Das Dorf zwischen Flamersheim und Schweinheim verschwand schon im 17. Jahrhundert von den Landkarten. Burg und Park aber blieben erhalten. Die mächtige, dreiteilige Burganlage war im 30-jährigen Krieg zeitweise fast zur Ruine verfallen, wurde aber um 1660 zum barocken Schloss mit zwei imponierenden Türmen wieder aufgebaut und im 19. Jahrhundert zum Landsitz nach englischem Vorbild umgestaltet.

Schweinheim
Hier sollen tatsächlich Schweinehirten zu Hause gewesen sein, die ihre Tiere zur Eichelmast in den Flamersheimer Wald trieben. Das Burghaus wurde im 19. Jahrhundert zum Abbruch verkauft. Nur Teile der Vorburg blieben erhalten. Das ehemalige Zisterzienserinnenkloster, das auf Ursprünge von 1238 zurückgeht, ist in Privatbesitz.

Stotzheim
Die aus dem Jahr 1166 stammende Hardtburg auf dem Berg oberhalb

Oben: Die Wasserburg Veynau entstand 1340.

Unten: St. Mariä Himmelfahrt in Weidesheim

von Stotzheim ist die älteste Burg im Stadtgebiet. Sie gilt als Nachfolgerin einer östlich gelegenen keltischen Wallburg. Ein Ruinenrundweg um Mauern und Wassergraben bietet reizvolle Einblicke und lässt erahnen, wie mächtig die Festung auf dem Hügel einmal gewesen sein muss. Allein die Mauern des quadratischen Bergfrieds sind zehn Meter lang. Info-Tafeln ergänzen die Runde im Wald zum Burgen-Lehrpfad. Im Bereich der ehemaligen Vorburg nutzt die Forstverwaltung Gebäude aus neuerer Zeit. Auch Reit- und Wanderwege ringsum machen die Hardtburg zu einem beliebten Ziel.

Weidesheim
Vorburg und Herrenhaus der Kleeburg aus dem 14. Jahrhundert sind von Wasser umgeben und werden mit einer Brücke verbunden. Die Burg ist heute Firmensitz eines Textilunternehmens.

Wisskirchen
Die nahe gelegene Wasserburg **Veynau** ist eine Augenweide für die unmittelbar am Burggraben vorbeifahrenden Bahnreisenden auf der Eifelstrecke. Die gotische Ritterburg, die um 1340 entstand, war lange verfallen, wurde aber ab 1988 sorgfältig restauriert. Interessant sind die beiden Türme: Der eine ist eckig, der andere rund.

HEIMBACH
Einwohner: 4.600
Fläche: 65,2 km²
Orte: Blens, Düttling, Hasenfeld, Hausen, Heimbach, Hergarten und Vlatten
Kontakt: Stadtverwaltung Heimbach, Hengebachstr. 14, 52396 Heimbach, Tel.: 0 24 46/805 79 11, www.heimbach-eifel.de
Rureifel-Tourismus Zentrale, An der Laag 4, 52396 Heimbach, Tel.: 0 24 46/805 79-0, www.rureifel-tourismus.de

Burg Hengebach hoch über der Rur gilt als eine der ersten Eifel-Festungen.

Heimbach

Klassik im Kraftwerk und schweigende Mönche

In einer schützenden Mulde des oberen Rurtales liegt der Luftkurort Heimbach. Die geringe Einwohnerzahl macht Heimbach zur kleinsten Stadt Nordrhein-Westfalens. Sie bringt nach Schleiden die zweitgrößte Fläche in den Nationalpark ein. Besonders an den Wochenenden wird es eng in Heimbach. Dann treffen neben den mit Pkw und Motorrädern angerollten Gästen noch Zugreisende aus Jülich und Düren am Endpunkt der Rurtalbahn ein. Die Fahrt durch das ab dem Obermaubacher See enger werdende Rurtal bietet starke landschaftliche Eindrücke, die zwischen Nideggen-Brück und Heimbach durch nah heran rückende Felsmassive imposant werden. Der Zug endet am Nationalpark-Tor, das sich im umgebauten Bahnhof Heimbach befindet (s. S. 22).

Adelige Herren bauten im frühen 11. Jahrhundert **Burg Hengebach** als eine der ersten Festungen der Eifel auf einem 180 Meter langen Grauwackefelsen. Ab 1305 gaben die Grafen von Jülich hier den Ton an. Der Jülicher Löwe schmückt heute noch das Stadtwappen. Die im vorigen Jahrhundert wieder aufgebaute Burg ist im Besitz der Stadt. Die Höfe mit Fallgattern in den Toren, Wehrgang und Bergfried sind ganzjährig zugänglich. Der Aufstieg ist etwas beschwerlich. Eine Kunstakademie soll Burg Hengebach zu neuem Leben verhelfen.

Von Fachwerkhäusern umgeben ist das Kirchenensemble in der Ortsmitte. Die barock ausgestattete **St. Clemens-Kirche** mit einem Altarbild des Rubens-Schülers Pieter Soutman ist über den romanischen Glockenturm mit der 1981 geweihten **Salvatorkirche** verbunden. Diese beherbergt das Heimbacher Gnadenbild (s. S. 95). Das Thema Gnadenbild und Ostergeheimnis griff Georg Meistermann in seinem Auferstehungsfenster in der Salvatorkirche auf.

Unterhalb der Staumauer des Rursees (s. S. 189) liegt das 1904 erbaute **Jugendstil-Wasserkraftwerk**, das über einen 2,7 Kilometer langen Stol-

Das Jugendstil-Wasserkraftwerk Heimbach erzeugte 1904 den ersten Strom für die Eifel.

HEIMBACH

len mit Wasser aus der Urfttalsperre gespeist wird. Die Anlage lieferte den ersten Strom in die Eifel und speist heute noch jährlich 25 Millionen Kilowattstunden ins Verbundnetz. „Spannungen" heißt das Kammermusikfestival, das jedes Jahr eine Woche im Juni Gäste aus dem weiten Umkreis in die Halle mit den acht 100 Jahre alten Francis-Turbinen zieht. Das Kraftwerk und eine Sammlung historischer Elektro-Hausgeräte wird bei kostenlosen Führungen gezeigt *(Tel.: 0 26 37/94 39-211, Mo–Fr 14.30 Uhr, Sa/So/Feiertage 14 Uhr, Hinweistafel: RWE-Industriemuseum)*. Geglückt ist die Umgestaltung des Bahnhofgebäudes der Rurtalbahn zum Nationalpark-Tor (s. S. 22). Neben Bussen startet vom Nationalpark-Tor auch das Rurseebähnchen, das in 20 Minuten die Schiffsanlegestelle Schwammenauel am Rursee erreicht. Als **Naturerlebniszentrum** bietet das Haus des Gastes „Über Rur" Aufklärung über alte Waldwirtschaftsformen und ihre Auswirkungen auf die Landschaft ringsum. Auf Knopfdruck ertönen Tierstimmen von einer Streuobstwiese. Ein Uhu-Raum bietet Einblick in den Lebensraum des bedrohten Nachtvogels. Draußen ist es interessant, Grünen Silvaner und Huxelrebe im Weinberg reifen zu sehen *(Tel.: 0 24 46/35 78, Öffnungszeiten: April bis Oktober täglich 10–12 Uhr und 14–17 Uhr, November bis März täglich 14–17 Uhr)*.
Eine Wassersäulenmaschine, ein Wasserwerkmodell und ein „Blaues Klassenzimmer"

Oben: Fußgängerbrücke über die Rur

Unten: Durch Gassen geht's zur Wallfahrtskirche.

Kanus und Kajaks sind auf der Rur und auf dem Staubecken am Kraftwerk ideale Sportgeräte.

genanntes Schülerwasserlabor mit 30 physikalischen Phänomenen zeigt das **Wasser Info Zentrum Eifel (WIZE)**, das mithilfe einer Stiftung in der umgebauten Schule eingerichtet wurde. Im WIZE wird auch ein Kleinod von Heimbach, die „Hansa Schüssel" ausgestellt. Sie zeigt in fünf Kreismedaillons Bilder aus der Sage von Pyramus und Thisbe, einem babylonischen Liebespaar *(WIZE, Karl-H.-Krischer-Platz 1, Tel.: 0 24 46/ 91 19 90-0, www.wasser-info-zentrum-eifel.de, Öffnungszeiten: Di–So 14–17 Uhr, Führung So 14.30–15.30 Uhr).*

Sechs **Galerien** und Ateliers zeugen von einer starken Kultursszene, in der sich zeitweise auch der Maler und Musiker A. R. Penck und der Pantomime Milan Sladek wohl fühlten. Beliebte Souvenirs sind Heimbacher Trüffel, handgefertigte „Heimbacher Stühlchen" und die Wildkatzentasse.

Eine Schule für **Kanus, Kajaks und Kanadier** bietet nach Trockenübungen am Rurufer in der Ortsmitte auch für Anfänger sportliche Anforderungen *(Tel.: 0 24 43/67 47).* Rurabwärts geht's von Heimbach über Blens (7,2 km) bis Zerkall (14 km in 4,5 Std.) oder ruraufwärts ins Staubecken Heimbach bis vor das Jugendstil-Wasserkraftwerk (2,5–3 Std.). Beschaulich und mit Service an Deck schippert man mit der **Rurseeschifffahrt** ab Schwammenauel von Ende März bis Ende Oktober über den 24 Kilometer langen Rursee. Stündlich legen Schiffe in Schwammenauel und im Gegenzug in Rurberg ab. In Rurberg kann man nach einem kurzen Spaziergang umsteigen in kleinere Fahrgastschiffe, die über den Obersee zur Urftseestaumauer oder nach Einruhr fahren. Rundfahrten dauern ein bis vier Stunden. Am 1. und 3. Montag in jedem Monat steigt um 14 Uhr ein Nationalpark-Ranger an Bord, um als Lotse die Augen für Fauna und Flora im Uferbereich zu öffnen *(Tel.: 0 24 46/ 479, www.rurseeschifffahrt.de).*

Klassik im Kraftwerk und schweigende Mönche

Neben der Anlegestelle der Rurseeschiffahrt lassen sich in einer **Segelschule** Erfahrungen an der Pinne sammeln, um den Sportbootführerschein zu erwerben. Vermietet werden Jollen, Canadier, Ruder und Tretboote *(www.becker-wassersport.de)*.

Attraktionen für Kinder und Familien stellen das **Freibad Heimbach**, die **Rurseebahn**, die vom Nationalpark-Tor bis zum Rursee verkehrt, sowie der Minigolfplatz „An der Laag" dar. Ein katholischer **Touristengottesdienst** findet von Mai bis September sonntags um 11 Uhr auf dem oberen Parkplatz in Schwammenauel mit wechselnder Thematik und musikalischer Begleitung statt.

Vom Staubecken Heimbach erstreckt sich rurabwärts das **Naturschutzgebiet Ruraue** bis zum Staubecken Obermaubach. Hier lassen sich noch biologische Kostbarkeiten wie Biber, Bachneunauge und der in der Strömung blühende Pinselblättrige Wasserhahnenfuß beobachten. Zu dem vielfältigen Lebensmosaik gehört auch die Wasseramsel, die mit ihrem auffällig weißen Kehlfleck unter Wasser „fliegend" Kleintiere am Boden erbeutet. Auf einigen Kilometern führt der Ruruferradweg durch das Naturschutzgebiet.

Die St. Clemens-Kirche und die 1981 für die Wallfahrt angebaute Salvatorkirche (links)

Neben dem Hauptgebäude der Abtei Mariawald steht die schlichte gotische Klosterkirche.

Interessante Orte rundum

Hergarten

Der Ort wird bereits im Jahr 864 erwähnt. Jüngste Errungenschaft ist das barrierefreie Nationalpark-Gästehaus in der umgebauten Schule für Schulklassen, Kinder- und Jugendgruppen *(Tel.: 0 24 44/95 19-0)*. Junge behinderte und nichtbehinderte Gäste haben nur einen kurzen Fußweg von Hergarten zur Wildniswerkstatt im benachbarten Ort Düttling. Hier wird in einem 100 Hektar großen Waldgebiet und einem Seminarraum Umweltbildung durch Nationalpark-Ranger vermittelt.

Mariawald

Serpentinen führen zum einzigen deutschen Trappistenkloster für Männer. In Mariawald bestimmen Stundengebet, Lesung und Arbeit den streng geregelten Tagesablauf der schweigenden Brüder und Mönche. Am Fuß der Burg Heimbach beginnt ein anstrengender Aufstieg mit Kreuzwegstationen bis hinauf zum Kloster. Bequemer geht es mit dem Pkw oder dem Bus ab Nationalpark-Tor. Die gotische Abteikirche, die einmal das Heimbacher Gnadenbild beherbergte, besticht mit ihrer Schlichtheit. Tagesgäste können sich im Klosterrestaurant stärken, unter anderem mit der legendären Mariawalder Erbsensuppe. Der Klosterladen bietet Kräuterlikör, Kleingebäck und Trüffelpralinen an – und Erbsensuppe in Dosen. Gäste können sich drei bis acht Tage in 14 kleinen Zimmern einmieten und an den Gebeten der Mönchsgemeinde in der Kirche teilnehmen *(Tel.: 0 24 46/95 06-0, www.kloster-mariawald.de)*.

STROHDACHDECKER KAUFTE GNADENBILD

Das Gnadenbild wird bei der Prozession durch Heimbach getragen.

Rund 60.000 Wallfahrer zieht es jährlich – meist in einem Tagesmarsch – zur über 500 Jahre alten Pieta der Schmerzhaften Gottesmutter. Die spätgotische Skulptur hatte der Strohdachdecker Heinrich Fluitter 1470 in Köln entdeckt. Er lieh sich Geld, kaufte die Skulptur für neun Mark, stellte sie im Wald zwischen Heimbach und Gemünd auf und lebte dort als Eremit. Zu diesem kleinen Andachtsort mit dem schlichten Schnitzwerk zogen schon bald Pilgerströme. Zisterzienser aus Bottenbroich, die die Wallfahrt bald betreuten, gründeten dort 1487 das Kloster Mariawald. 1511 weihten sie die Klosterkirche, in der das Marienbild in einem kostbaren Antwerpener Schnitzaltar seinen Platz fand. 1804 wurde es nach Heimbach übertragen. Heute stehen das Gnadenbild und der Antwerpener Altar in der Salvatorkirche.

Vlatten

Die Königspfalz Vlatten wird schon 839 als zeitweilige Residenz und als Ausgangspunkt für die Jagdgesellschaften fränkischer Herrscher erwähnt. Der Hof umfasste Landwirtschaft und Gerichtsstand. Die Kirche St. Dionysius war Teil der Königspfalz. 1220 bauten die Grafen von Jülich sie zur dreischiffigen Basilika aus. Später wurde sie barock ausgestattet. Die fünfeckige Kanzel stammt aus dem Kloster Mariawald. Auf dem Lützenberg oberhalb von Vlatten liegt die Michaelskapelle, die auf das 13. Jahrhundert zurückgeht. Im 10. Jahrhundert wurde der Königshof auf die Burg Heimbach verlegt.

Verwunschen wirkt der Park eines herrschaftlichen Anwesens oberhalb von Alt-Hellenthal.

HELLENTHAL

Fläche: 138 km², davon die Hälfte Wald
Einwohner: 8.600
Orte: insgesamt 61, darunter: Blumenthal, Bruch, Büschem, Dickerscheid, Dommersbach, Eichen, Felser, Giescheid, Hahnenberg, Hellenthal, Hescheid, Hollerath, Hönningen, Ingersberg, Kamberg, Kammerwald, Kehr, Kreuzberg, Losheim, Losheimergraben, Miescheid, Miescheiderheide, Neuhaus, Oberdalmerscheid, Oberreifferscheid, Platiß, Ramscheid, Reifferscheid, Rescheid, Schnorrenberg, Schwalenbach, Sieberath, Udenbreth, Wahld, Wildenburg, Wittscheid, Wolfert, Wollenberg, Zehnstelle und Zingscheid
Kontakt: Gemeindeverwaltung Hellenthal, Nationalpark-Infopunkt, Rathausstr. 2, 53940 Hellenthal, Tel.: 0 24 82/85-115, www.hellenthal.de

Hellenthal

Narzissenwiesen und ein Hexenturm

Die Flächengemeinde mit ihren 61 Ortschaften unterhält gute Beziehungen zum angrenzenden Königreich Belgien und ist reich an Ausflugszielen. An den Kernort grenzt die Oleftalsperre. Dominant wirkt im Zentrum das Schoellerwerk als größter Arbeitgeber mit zwei langen Reihen von Werkhallen. Sie beginnen am Ortsrand aus Richtung Blumenthal und im historischen Ortsteil Kirschseiffen, wo schon vor 500 Jahren Eisen geschmolzen wurde. Schoeller setzt als Weltmarktführer in der Produktion von Edelstahlrohren und Zulieferer der Automobilin-

NARZISSENWIESEN UND EIN HEXENTURM

HELLENTHAL

dustrie die Tradition fort. Benachbart liegt die 1927 gegründete Orgelbau-Firma Weimbs, die zu den besten in Deutschland zählt.

Der nächste **Autobahnzubringer** ist 15 km entfernt. Für Mobilität sorgen Busse und Taxi-Busse im Stundentakt, die 30 Minuten vorher angerufen werden müssen *(Tel.: 0 18 04/15 15 15)*. In die kleinen Außenorte, die kein Bus ansteuert, fahren im Zwei-Stunden-Takt Anruf-Sammeltaxen.

Die Pfeilerzellenmauer der 1959 errichteten **Oleftalsperre** ist die einzige ihrer Art in Deutschland. Die 59 Meter hohe und 282 Meter lange Mauer begrüßt ihre Besucher mit vergänglicher Kunst. Hochdruckreiniger „malten" 2007 monumentale Hirsche, Vögel und Eichhörnchen auf die Pfeiler und Hohlzellen. Für einige Jahre ist die fünf Kilometer lange Talsperre damit um eine Attraktion reicher. Sie fasst 19,5 Millionen Kubikmeter Trinkwasser. Radfahrer und Wanderer, die den See auf dem 13,5 Kilometer langen Uferweg umrunden, entdecken bisweilen Angler in der Böschung. Andere Aktivitäten lässt der Talsperrenverband Eifel-Rur nicht zu. Allein den Hirschen ist es nicht verwehrt, durch den See zu schwimmen, wenn sie alten Pfaden zu ihren Brunftplätzen folgen. Am Fuß der Talsperrenmauer liegt ein großer Parkplatz. Daran grenzt das

Am Hohenbergring zeigt Hellenthal rund ums Ehrenmal noch Dorfcharakter.

Glückliche Schafe grasen auf Löwenzahnwiesen am Ortsrand von Kreuzberg.

Wasserwerk des Oleftalverbandes, das einen Teil des Olefwassers filtert und an die Eifelgemeinden verteilt.

Information: Das obere Oleftal und der nördliche Seeuferweg entlang der Oleftalsperre zeigen mit einem Geopfad interessante Aufschlüsse. 400 Millionen Jahre Erdgeschichte lassen drei Rundwanderwege über 22, 25 und 28 Kilometer ablesen.

Ins Innere der Zellensperrmauer führt auf Wunsch der Talsperrenwärter, *(Auskunft, Tel.: 0 24 82/952 00)*.

Das 65 Hektar große **Wildgehege**, hoch über Hellenthal gelegen, ist international bekannt für seine erfolgreiche Greifvogelzuchtstation. Imposant sind Freiflüge der Adler, die sich bis in 2.000 Meter Höhe über die Oleftalsperre erheben. Freiflüge von Adlern, Milanen, Bussarden und Falken werden von April bis Oktober täglich um 11, 14.30 und 16 Uhr gezeigt, von März bis November um 11 und 14.30 Uhr. Kostenlos kutschiert eine kleine Bahn Gäste zu den zahlreichen Gehegen einheimischer Wildarten. Seit 30 Jahren wird die Tiergesellschaft ständig erweitert. So sind inzwischen auch Sikawild, Luchse, Muffel, Bären, Auerochsen, Wisente, Tarpane und Rentiere zu beobachten *(Wildgehege Hellenthal an der L 159 Hellenthal-Schöneseiffen, Tel.: 0 24 82/22 92, www.wildgehegehellenthal.de, Öffnungszeiten: 01. April bis 14. November täglich 8–18 Uhr, 15. November bis 31. März täglich 10–17 Uhr)*.

Abenteuer hält die Jugendherberge Hellenthal auch für Familien bereit. Im Erlebnispädagogik- und Outdoor-Zentrum fasziniert Gäste unter anderem der überdachte **Hochseilgarten** mit 24 Hoch- und Niedrigseilstationen *(Tel.: 0 24 82/22 38, www.hellenthal.jugendherberge.de)*.

Interessante Orte rundum

Millionen Narzissen blühen im April im oberen Oleftal bei Hollerath.

Hollerath

Auf 630 Meter über NN bietet Hollerath eine 350 Meter lange Ski-Abfahrtpiste mit Schlepplift. Hinzu kommen Rodelbahn und zehn Kilometer Loipe. Man kann Wintersportgeräte hier ebenso leihen wie am benachbarten Skilift Weißer Stein in Udenbreth.

RÜCKKEHR DER KLEINEN WILDEN

Ein Landschaftsbild wie im frühen Mittelalter mit wildwachsenden gelben Narzissen zeigt sich bei Hollerath auf 70 Hektar Talwiesen im Wald, wo die Olef noch ein mäandernder Bach ist. Nach der Rodung um 1200 wurde im oberen Oleftal stets erst im Juli das Gras gemäht. So konnten sich im Frühjahr die Narzissen entfalten. 1950 lohnte sich das Heuen nicht mehr, und das Tal wurde mit Fichten aufgeforstet, die die Blütenteppiche verdrängten. Ende der 1970er Jahre leitete die Entfichtung eine Wiederbelebung der Wiesen ein. Millionen von Narzissen kehrten zurück und mit ihnen Farn- und Blütenpflanzen, Schnecken, Muscheln, Tagfalter, Reptilien, Weidenmeisen und Wasseramseln.
Information: *Als Startpunkt zu den Narzissenwiesen bietet sich der Parkplatz „Hollerather Knie" westlich von Hollerath an der B 265 an. Fünf oder neun Kilometer sind ab hier auf Oleftalwegen ausgeschildert.*

Oben: Schrot und Korn in der Mühle Ax in Hellenthal-Kradenhövel

Unten: Moderne Bezüge in der Krippana in Losheim

Ein weiterer Weg zweigt an der Stauwurzel der Oleftalsperre vom Seerundweg ab und folgt dem Olefbach bergauf zu den Narzissenwiesen (Tourist-Information Hellenthal, Tel.: 0 24 82/ 85-1, www.hellenthal.de oder Naturpark Hohes Venn-Eifel, Tel.: 0 24 86/91 11 17, www.naturpark-hohesvenn-eifel.de).

Kradenhövel

In dem Weiler steht am Wolferter Bach seit 1870 eine Mühle. Sie wird heute von der Familie Ax unterhalten. Bis 1952 wurden die Mühlsteine noch mit Wasserkraft betrieben. Die Müllerin führt einen Ökoladen *(Tel.: 0 24 48/ 919 36).*

Losheim

Am Grenzübergang zu Hergersberg in Belgien hat sich neben einem Hotel ein Kultur- und Handelsplatz entwickelt, der wegen seiner belgischen Angebote bis hin zur Tankstelle gern angefahren wird. In der **Krippana** herrscht das ganze Jahr lang Heilige Nacht. Wie in einem Schneckenhaus winden sich Gänge über vier Ebenen durch das fensterlose Gebäude der Krippana. Rechts und links sind Podeste und Vitrinen aufgebaut. Sie zeigen Szenen von der Geburt Jesu. Rund 200 Krippen beherbergt die Ausstellung. Die Weihnachtswunderwelt vereint Kunst, Kitsch und ehrliches Handwerk. Der Bestand wechselt häufig. Es werden Leihgaben gezeigt aus privaten Sammlungen, aber auch von Kirchen aus ganz Europa und darüber hinaus. Gleich nebenan wieseln in der **Euro-Technica** über hundert Züge auf einer digital gesteuerten Modelleisenbahn über 2.000 Meter Gleise. Die **Ars Figura** vermittelt als dritte Attraktion in einem nachgebauten Stadtviertel mit Kaufmannsladen und Wohnstuben das Flair der Kaiserzeit *(Tel.: 0 65 57/866, www.ardenner-cultur-boulevard.net, Öffnungszeiten: Di–So 10–18 Uhr).*

HELLENTHAL

Reifferscheid

Eine steile gepflasterte Straße führt aus dem Tal hinauf in die Burgsiedlung Reifferscheid. Geparkt wird vor dem ersten Tor. Mit weiteren Toren, Mauerzügen, seiner Vorburg und aus Zweckbauten entstandenen Wohnhäusern hat das Burgnest seinen Charakter aus dem 12. Jahrhundert erhalten. Ein Spaziergang über das Pflaster der „Freiheit" oder des „Städtlein" – so heißen Gassen – führt in eine typisch gotische Burgsiedlung. In der Schlossruine lädt der starke Bergfried mit seinem Treppen-Aufgang aus Holz im Inneren zum Besuch der Aussichtsplattform ein. Herrliche Panoramablicke bieten sich auf die Schieferdächer des historischen Unterdorfs, in das Reifferscheider Tal und die Einmündung des Wolferter Bachtals bis hinauf über Landschaftsterrassen in Richtung Hönningen. Frühere Burg- und Schlossherrlichkeit lassen noch Fundamente und Kellergewölbe ahnen. Vom Palas ist der zweischiffige Gewölbekeller erhalten, der gelegentlich für Lesungen und Konzerte genutzt wird. Zur Einkehr lädt das Café „Eulenspiegel" in der ehemaligen Remise. Mittelalter-Flair kommt auf beim Burgfest mit historischem Jahrmarkt im September *(Auskünfte erteilt das Verkehrsamt, Tel.: 0 24 82/851 15).*

Oben: St. Matthias auf dem Burgberg von Reifferscheid

Vom Palas zeugen Mauerreste über dem Gewölbekeller.

Die Grube Wohlfahrt

Warm anziehen muss man sich für eine „Befahrung" – so nennen die Bergleute den Einstieg ins Bergwerk bei Rescheid. Auch im Sommer zeigt das Thermometer in den Bleierzgängen nur 8 Grad Celsius. Mit Grubenhelm geht es in 43 Meter Tiefe hinab. Was die Bergleute zutage brachten, ruhte 400 Millionen Jahre in der Erde. Die Erze bildeten sich, als ein tropisches Meer die Eifel bedeckte. Graffiti und Ritzzeichnungen an den Stollenwänden, die um 1900 entstanden, geben Hinweise auf die harten Arbeitsbedingungen, die die Bergmänner nur 35 bis 40 Jahre alt werden ließen. 1993 wurde das Bergwerk vom Heimatverein Rescheid wieder für Besucher zugänglich gemacht. Ein 800 Meter langes Teilstück eines 2.400 Meter langen Stollens kann seitdem besichtigt werden.

Staunend bahnen sich die Besucher ihren Weg durch bizarre Gebilde. Vermutlich aus dem 15. und 16. Jahrhundert stammen handgehauene Schächte von nur 50 Zentimeter Breite und 90 Zentimeter Höhe. Sie vermitteln Einblicke in die frühe Bergbaugeschichte der Eifel. Man entdeckt Lichtlöcher, die dazu dienten, den Stollen zu „bewettern", also mit Atem-

Oben: Werkzeuge und Erze zeigt das Grubenhaus.

Unten: Der Förderturm markiert den Einstieg.

luft zu versorgen. Die Besucher lernen auch den „Frosch" als Öllampe kennen und wissen schnell, dass mit einem „Hunt" eine Lore gemeint ist. Über Tage wartet das Grubenhaus, das auf 100 Quadratmetern eine Steinsammlung, Modelle, Zeichnungen und Fotos aus dem Bergbaualltag zeigt. Der Eingang liegt an der Landstraße von Reifferscheid nach Rescheid unmittelbar hinter dem Ortsteil Zehntstelle, gut erkennbar an einem kleinen Förderturm (Führungen: täglich 11, 14 und 15.30 Uhr, Tel.: 0 24 48/ 91 11 40 (werktags vormittags), www.grubewohlfahrt.de).

Information: *Zu geologisch und bergbaugeschichtlich interessanten Punkten in der Gemeinde Hellenthal führen drei ausgeschilderte Geo-Routen, die insgesamt 46 Kilometer lang sind.*

INTERESSANTE ORTE RUNDUM

HELLENTHAL

Udenbreth

Zwischen Udenbreth und dem Grenzübergang nach Belgien in Losheimergraben liegt der dritthöchste Punkt der Eifel mit 690 Metern über NN. Der **Weiße Stein**, ein Tertiär-Quarzit, ist im angrenzenden Venn-Wald nicht leicht zu finden. Im Schatten eines Aussichtsturms sind ein Waldspielplatz und eine Familiengrillanlage angesiedelt. Vom Aussichtsturm reicht der Blick hinüber zum Nationalpark Eifel, nach Rescheid und zum Michelsberg bei Bad Münstereifel. Ein rustikales Restaurant ist ganzjährig geöffnet. Es dient im Winter als Skihütte. Die Abfahrtpiste mit Schlepplift ist 550 Meter lang, die Rodelbahn 350 Meter. Sieben und zehn Kilometer weit reichen die Langlaufloipen. Wintersportgeräte kann man an der Bergstation ausleihen.

Wildenburg

Die Wildenburg ruht seit 1200 als unzerstörte Höhenburg über einem steilen, waldbedeckten Berggrat oberhalb von Manscheider Bach und Leiterbach. Die Mönche von Steinfeld kauften 1715 die Burg auf dem

Am Glockenturm von St. Johann auf der Wildenburg sind Schießscharten erkennbar.

„wilden Berg" und bauten den Palas zu der Kirche um, die heute noch als Pfarrkirche dient. Der Bastionsturm mit seinen bis zu vier Meter starken Mauern und einem Verlies wird auch Hexenturm genannt. 1629 ließ der damalige Burgherr Marsilius III. von Palant aus der Herrschaft Wildenburg 75 Untertanen einsperren. Sie wurden der Zauberei verdächtigt oder sollten als Zeugen gehört werden. Bei den Hexenprozessen in Wildenburg wurden 16 Menschen umgebracht. Die Wildenburg dient heute als Begegnungs-, Erholungs- und Bildungsstätte. Auch Gaststätten gibt es im Umfeld.

Wildenburger Ländchen

Von der Burg blickt man auf eine Hügelkette mit Dörfern im Wildenburger Ländchen. Mit einem Blick erfasst man nur einen Teil der zwölf Ortschaften. Nur Kreuzberg besitzt neben Wildenburg noch eine Kirche. Die weiteren Orte in diesem größtenteils unter Naturschutz stehenden Gebiet sind Benenberg, Bungenberg, Hecken, Heiden, Linden, Manscheid, Oberschömbach, Unterschömbach, Winten sowie die Weiler Paulushof und Kradenhövel. An den Hängen grasen Schafe, Schweine, Gänse und Ziegen. Die Landwirtschaft trägt Züge eines großen Freilichtmuseums. Das Ländchen war schon zur Burgherrenzeit oder später, als Bergwerke und Hüttenbetriebe den Takt vorgaben, so kleinteilig gegliedert.

Wanderer erfahren in den Dörfern des Wildenburger Ländchens leckere Überraschungen.

HÜRTGENWALD

Einwohner: knapp 9.000
Fläche: 88,06 km², davon fast 60 % Wald
Orte: Bergstein, Brandenberg, Gey, Großhau, Horm, Hürtgen, Kleinhau, Raffelsbrand, Schafberg, Simonskall, Straß, Vossenack und Zerkall.
Kontakt: Gemeindeverwaltung Hürtgenwald, 52393 Hürtgenwald, August-Scholl-Str. 5, Tel.: 0 24 29/30 90, www.huertgenwald.de
Rureifel Tourismus Zentrale, An der Laag 4, 52396 Heimbach, Tel.: 0 24 46/8 05 79-0, www.rureifel-tourismus.de oder Nationalpark-Infopunkt, 52393 Hürtgenwald-Zerkall, Am Auel 1, Tel.: 07 00/34 33 50 00

Oben: Blick vom Burgberg in Bergstein über den Hürtgenwald

Unten: Die Friedensgedächtniskirche in Hürtgen

HÜRTGENWALD

Kaum ein Haus ist älter als 60 Jahre

Der Name Hürtgenwald weckt unwillkürlich Erinnerungen an Tote und Zerstörungen in den letzten beiden Weltkriegsjahren vom September 1944 bis Februar 1945. Tatsächlich wurden damals fast alle Ortschaften zerstört und die Wälder verwüstet. Über 60 Jahre alte Häuser – und Bäume – sind hier selten. Doch der Aufbauwille der Bewohner hat zu einem blühenden Gemeinwesen geführt, in dem

KAUM EIN HAUS IST ÄLTER ALS 60 JAHRE

Links: Julius Erasmus barg 1569 Leichen aus dem verminten Wald.

Rechts: 75 Stufen führen auf den Aussichtsturm Bergstein.

jährlich 40.000 Gäste übernachten. Der Hürtgenwald im deutsch-belgischen Naturpark am Rande des Nationalparks gehört damit zu den attraktiven Erholungs- und Freizeitlandschaften der Nordeifel.

Die Orte Hürtgen und Vossenack liegen im Zentrum des einstigen Kampfgebietes zwischen Aachen, Düren und dem Hohen Venn. Die Kämpfe forderten 13.000 deutsche und 55.000 amerikanische Gefallene – etwa gleich viele Soldaten verloren die Amerikaner im Vietnam-

krieg. Auf den Soldatenfriedhöfen in Hürtgen und Vossenack ruhen 5.345 der deutschen Toten. Der größte Teil der amerikanischen Gefallenen wurde in die Heimat übergeführt. Auch heute noch sind die Soldatenfriedhöfe Orte stillen Gedenkens. Auf dem Soldatenfriedhof in Vossenack erinnert ein kleines Doppelkreuz an Julius Erasmus, den „Totengräber von Vossenack". Der ehemalige Pionierhauptmann barg die Leichen von 1.569 Gefallenen aus dem verminten, teils noch brennenden Wald. Er schrieb die Daten der Toten auf und begrub sie mithilfe von Männern aus dem Dorf.

HÜRTGENWALD

Blick vom Berenstein, wo Babarossas Reichsburg stand, auf Bergstein

Interessante Orte rundum

Bergstein

Der Burgberg bei Bergstein trägt seinen Namen zu Recht: Archäologen fanden 1985 tatsächlich Reste einer Burg. Bis dahin hatte man Kaiser Barbarossas Reichsburg Berenstein eher in Aachen vermutet und nicht an der Rur. Doch von 1090 bis 1198 schützte die hoch oben gelegene Festung das als Aachener Vorposten dienende Reichsgut. Die rivalisierenden Jülicher Grafen begannen dann um 1177, auf der gegenüberliegenden Bergkuppe die Burg Nideggen zu bauen. 1198 erzwang Erzbischof Adolf von Köln schließlich von dem kurz zuvor in Aachen gekrönten Otto IV. die Herausgabe der Burg Berenstein und ließ sie zerstören.

Auf dem Burgberg von Bergstein steht der **Krawutschke-Turm**. Er ist benannt nach einem Dürener Kaufmann, der ihn 1934 erbauen ließ. Der Aufstieg auf den Berg ist steil, aber unterwegs sorgen ein Baumstamm-Xylofon oder Balancierstämme für Abwechslung. 75 Stufen führen dann zur Aussichtsplattform in 13 Metern Höhe. Die Mühe lohnt sich: Ein 360-Grad-Blick bietet tiefe Eindrücke von der Schönheit der Eifellandschaft. Man kann über Rurtal und Kalltal schauen und bis zur 80 Meter tiefer gelegenen Burg Nideggen blicken.

Brandenberg

In Brandenberg, dem „gebrannten Berg", stieg einst der Rauch der Kohlenmeiler empor, der bis weit ins Tiefland zu sehen war. Ein Windofen aus keltischer Zeit macht deutlich, dass schon in vorrömischer Ära Eisenerzbergbau und Verhüttung stattfanden. Die Hürtgener Hochfläche bis Brandenberg war im 11. und 12. Jahrhundert eine Art Urwald, der die um

Interessante Orte rundum

450 n. Chr. beendete römische Besiedlung zudeckte. Brandenberg zählt heute 630 Einwohner.

Gey

In Gey soll zur Zeit Karls des Großen (um 800) ein Jagdgehege bestanden haben. Karl V. ließ 1543 Zerstörungen anrichten, als er Düren eroberte. Der Ort tauchte 1746 mit dem Abbau von Blei, Eisenerz und Schiefer auf. Die Geyer „Leyendecker" waren mit ihren Dachschieferplatten in den Städten gefragte Handwerker.

Großhau

In Großhau lebten viele Generationen vom Abbau des tonigen Schiefers in den Tälern der Roten und Weißen Wehe. Es war ein Dorf der Dachdecker und Zimmerer, denen die Holzvorräte im Wenauer Forst nicht ausgingen. In diesem fränkischen Königsforst ritten später auch die Jülicher Herzöge zur Jagd. Die Einheimischen legten Kohlenmeiler an, bauten Schiefer und Erz ab. Sie lieferten auch Lohe an Gerbereien. Nach dem Zweiten Weltkrieg wurden die zerschossenen Wälder gerodet. Ostvertriebene siedelten sich als Landwirte an. Das moderne Großhau ist größer als früher. Eine Wehranlage ist als vorgeschichtliches Zeugnis auf der nördlichen Höhe des nahen Thönbachtales zu entdecken.

Ab 1900 entwickelte sich Simonskall zur beliebten Sommerfrische.

Horm

Von der Vorstufe einer mittelalterlichen Burg, einer Motte mit bewohnbarem Holzturm und einem künstlichen Wassergraben um den Turmhügel, sind heute noch Reste am Beybach zu finden. Da Wilhelm von Vlatten seiner Tochter Weingüter in Horm vererbte, wird der Ort 1415 erstmals erwähnt. Ergiebige Bleierzvorkommen, die vom 16. bis in die zweite Hälfte des 20. Jahrhunderts in der Grube Maubacher Bleiberg abgebaut wurden, beeinflussten die Entwicklung.

Simonskall

Eine kurvenreiche, schmale Straße führt von Vossenack durch den Wald hinunter ins idyllisch im Kalltal gelegene Simonskall. Der Name erinnert an Simon Kremer, der 1617 hier eine Eisenhütte gründete, die 200 Jahre bestand. Ab 1900 entwickelte sich der Ort zur Sommerfrische. Vier Kölner Künstler, die sich „Kalltalgemeinschaft" und „Kalltalpresse" nannten, lebten hier zwei Jahre bis 1921. Zu ihnen gesellte sich für ei-

nige Zeit der später zu Weltruhm gelangte Schriftsteller B. Traven (Das Totenschiff, Der Schatz der Sierra Madre). In Simonskall beginnt der zwölf Kilometer lange historische Wanderweg „Auf den Spuren der Köhler, Bergleute und Hüttenleute im Kalltal". Im Junkerhaus von 1651 finden Touristen Informationen *(Tel.: 0 24 29/ 90 18 86, Öffnungszeiten: So/Feiertage 12–18 Uhr, März bis Oktober zusätzlich Mi/Sa 14.30–18 Uhr)*. Außerdem werden dort Kunstausstellungen arrangiert. 17 themenbezogene Rundwanderwege führen unter anderem auf die Spuren der Schmuggler. Unter *www.simonskall.de* finden Wanderer Tipps für gps-navigierte Wege – inklusive Schatzsuche. Am Ortsrand empfängt ein Westwall-Sanitätsbunker die Besucher.

In der alten Burg am Kallbach wurde 200 Jahre lang eine Eisenhütte betrieben.

Oben: Blick auf den Luftkurort Vossenack

Mitte: Szene mit Verwundetem im Hürtgenwaldmuseum

Unten: Zurückgelassene Munitionskisten

Vossenack

Der Luftkurort mit 2.350 Einwohnern, vor 60 Jahren eine Trümmerwüste, wurde im Dörferwettbewerb schon mit Silber und Gold prämiert. Das Dorf geht zurück auf ein Hofgut von Marschällen des Herzogs von Jülich im 15. Jahrhundert. Als die Vossenacker 1945 in ihre Ruinen zurückkehrten, starben 42 Einwohner und 130 Männer des Kampfmittelräumdienstes durch Munition und verborgene Minen. Noch heute findet man gelegentlich Sprengkörper im Hürtgenwald.

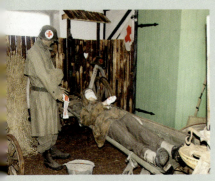

Fundstücke aus dem „Wald des Todes" werden als materielle Zeugen der Heimatgeschichte im **Hürtgenwaldmuseum** in Vossenack gehütet. Uniformteile und Ausrüstungen sind in erklärende Zusammenhänge neben Landkarten und Zeitungsberichte gerückt. Besonders die persönlichen Dinge machen betroffen: ein Kartenspiel, Rasiercreme, Schutzsalbe „für den Umgang mit auf der Haut Blasen entwickelnden Gasen", Wundpulver, ein Neues Testament. Auch ein Vortragsraum steht zur Verfügung („*Hürtgenwald 1944 und im Frieden*", Pfarrer-Dickmann-Str. 21–23, Tel.: 0 24 29/ 90 26 13, www.huertgenwald.de, *Öffnungszeiten: März bis Novembe, So 10–17 Uhr und auf Anfrage*).

Am Museum beginnt der zehn Kilometer lange „Pfad des Gedenkens".

INTERESSANTE ORTE RUNDUM

EINE SPUR VON MENSCHLICHKEIT

Selbst im grausigen Kriegswinter 1944/45 gab es Momente der Menschlichkeit. „A time for healing – Zeit zu heilen" heißt ein Gemälde im Hürtgenwaldmuseum. Es zeigt den jungen deutschen Militärarzt Günter Stüttgen Seite an Seite mit seinem US-Kollegen M. B. Davis. Gemeinsam versorgen die Ärzte Verletzte beider Armeen, unterstützt von deutschen und amerikanischen Sanitätern. Stüttgen, der nach dem Krieg als Professor für Dermatologie in Düsseldorf und Berlin tätig war, berichtete später, dass er mehr als hundert farbige Soldaten mit schweren Erfrierungen an den Füßen behandelt habe und dass die Amerikaner den Deutschen mit Verbandmaterial aushalfen, als deren Vorräte zu Ende gingen. Während die Verletzten versorgt wurden, herrschte Waffenstillstand – bis die Vorgesetzten davon Wind bekamen und den Einsatz untersagten.

Oben: In Öl gemalt: Kriegsgegner helfen einander in einer Kampfpause.

Unten: Soldatenfriedhof Vossenack

Wehebachtalsperre

Im Tal des Wehebaches, zwei Kilometer oberhalb der Stadt Stolberg, schlängelt sich auf vier Kilometern Länge seit 1983 die Wehebachtalsperre. Der Vollstau überdeckt 162 Hektar und macht das Staubecken zum drittgrößten im Nordeifelraum. Die sehr ursprüngliche Talsperre dient dem Hochwasserschutz und liefert Trink- sowie Brauchwasser. Freizeitangebote sind hier nicht zugelassen, dafür kann sich die Natur frei entfalten. So sind einige Biberburgen zu beobachten. Von Großhau und von Kleinhau aus ist die Talsperre zu Fuß gut zu erreichen. Die Umgebung bietet Wanderwege und eindrucksvolle Möglichkeiten, das Element Wasser zu erleben. Die frühere Landstraße 11 von Großhau nach Schevenhütte wird von der Talsperre verschluckt. Die Einmündungs- sowie die Auftauchstelle der Straße sind gut zu sehen. Von Großhau ab Parkplatz

Frengkstraße sind es 45 Minuten zu Fuß bis zur Wehebachtalsperre. Es gibt keinen durchgehenden Uferwanderweg, aber viele Ausblicke auf den See.

Zerkall
Seit dem 15. Jahrhundert ist Zerkall ein Standort für Mühlen. Neben einer Eisen-Schleifmühle drehten sich Öl- und Getreidemühle sowie eine Walkmühle, die mit kalkfreiem Kallbachwasser die Verfilzung von Wollgewebe zu glattem Tuch beförderte. Die Papierfabrik Renker & Söhne sorgt mit ihren Produkten dafür, dass Zerkall ein bemerkenswerter Industriestandort geblieben ist. Gut Kallerbend nahe Zerkall ist ein beliebtes Ausflugslokal *(Rurwiesen, Tel.: 0 24 27/217)*. Ideal am Schnittpunkt von Rurtalbahn (mit Bahnhof), Rurtal-Radweg, Wanderweg und Landstraße von Nideggen-Brück nach Zerkall liegt ein Nationalpark-Infopunkt mit **Kanuhaus** *(Am Auel 1, Tel.: 0 24 27/90 90 26 oder 0 24 49/309-39, Öffnungszeiten Di-So 10-17 Uhr)*. Kanuten und andere Gruppen können den Gesellschaftsraum mit Küche mieten. Im Infopunkt werden ein Nationalparkfilm und sachkundige Beratung geboten.

Wo Hoesch Eisen hämmerte

*Es ist kaum noch vorstellbar, dass in **Zweifallshammer** über Jahrhunderte eine Hochofenanlage und Erzgrubenfelder der Familie Hoesch bestanden. Mit Hammer, Meißel und Hacke wurde das Gestein gelöst und in Körben und Winden aus der Grube geholt. Über Tage haben neben Männern auch Frauen und Kinder das Erzgestein zerkleinert und gewaschen. Zwei Eisenschmelzen und ein Eisenhammer, den drei Wasserräder antrieben, beschäftigten 45 Arbeiter. 1866 zog der Betrieb um nach Dortmund, wo der Hoesch-Konzern entstand. Das Gelände in Zweifallshammer ist weiter im Besitz der Familie Hoesch. In den Gebäuden wurden Wohnungen eingerichtet. Der Hochofen aus Bruchsteinen und die Schleifmühle stehen unter Denkmalschutz, sind aber nicht zu besichtigen. Gute Einblicke erlaubt ein Wanderweg auf der anderen Seite der Kall. Zweifallshammer liegt 200 Meter entfernt vom Wanderparkplatz „An der Kall" an der Panoramastraße zwischen Nideggen-Schmidt und Vossenack. Besichtigung nur vom Wanderweg aus möglich.*

KALL
Einwohner: 12.000
Fläche: 66 km²
Orte: Anstois, Benenberg, Diefenbach, Dottel, Frohnrath, Gillenberg, Golbach, Kall, Keldenich, Krekel, Rinnen, Roder, Rüth, Scheven, Sistig, Sötenich, Steinfeld, Steinfelderheistert, Straßbüsch, Urft, Wahlen, Wallenthal und Wallenthalerhöhe
Kontakt: Gemeindeverwaltung Kall, Bahnhofstr. 9, 53925 Kall, Tel.: 0 24 41/888-53, www.kall.de

Wie ein Mosaik wirken die Felder und Weiden zwischen Kallmuth und Keldenich.

KALL

1.000 Jahre Klosterkultur und 2.000 Pingen im Wald

Für viele Reisende findet in Kall die erste Begegnung mit der Eifel statt, wenn sie im Bahnhof die Eifelbahn von Köln nach Trier verlassen. Vor dem Bahnhof wartet außer dem Linienbus, der ins Schleidener Tal fährt, der Nationalpark-Shuttlebus nach Vogelsang. Im Sommer werden auch nach Fahrplan Nostalgiefahrten in einem Schienenbus über Gemünd bis Schleiden organisiert. Für Wanderer bieten sich landschaftlich reizvolle Wege an. Das gut bestückte Gewerbegebiet besuchen Kunden aus dem weiten Umkreis. Ein Berufskolleg mit Tourismuszweig, die Kreis-Energie-Versorgung und das Arbeitsamt schätzen die zentrale Lage.

„Call" ist keltischer Herkunft. Schon 300 Jahre v. Chr. gruben die Kelten hier nach Bleierz. Lanzenspitzen, Werkzeuge und Münzen zeugten

Die Kaller Pfarrkirche St. Nikolaus auf dem Büchel

im Ortsteil Keldenich davon. Die römische Epoche bleibt durch verschiedene Aufschlüsse des Römerkanals (s. S. 153) lebendig. Seit 1988 führt der Römer-Kanal-Wanderweg daran vorbei.

Urkundlich taucht Kall 1238 mit der St. Nikolaus-Kirche als Filiale der Andreaskirche der Abtei Steinfeld auf. Von einem Bleibergwerk im heutigen Industriegebiet, zwei Eisenbergwerken in Kall und einem weiteren zwischen Sötenich und Kall ging im 16. Jahrhundert ein steter Aufschwung aus. Das Hammerwerk Kall stellte große Schiffsschrauben her.

Das Gästehaus der Steinfelder Akademie im Kloster stammt aus dem Jahr 1769.

Eine neue Entwicklungsphase leitete 1860 bis 1870 der Bahnanschluss an die Strecke Köln-Trier ein.

Frei von Chlorgeruch ist das Schwimmvergnügen im Hallenbad. Durch ein Elektrolyseverfahren wird dem Beckenwasser unter Zusatz von Salz eine unbedenkliche Säure zur Desinfizierung zugeführt. Das Beckenwasser ist angenehm weich, greift die Haut nicht an, regt vielmehr die Durchblutung an *(Am Hallenbad, Tel.: 0 24 41/63 54, www.kall.de)*. An der Auelstraße liegen Sport und Freizeitangebote dicht zusammen. Auf den Sportplatz folgt der multifunktionale Aktiv Park mit Tennisplätzen, Badminton und Saunalandschaft. Daneben steht ein 2.000 Quadratmeter großes überdachtes Abenteuerland für Kinder *(Tel.: 0 24 41/47 47, www.aktivpark-kall.de)*.

Der **Pingenwanderweg,** der vom Bahnhof zwölf Kilometer (etwa 3,5 Std.) über landschaftlich reizvolle Pfade führt, versetzt Besucher in Goldgräberstimmung. So wie die Erdlöcher entlang des Weges können die Gruben und Gräben ausgesehen haben, die der Goldrausch in Alaska zurückließ. 21 Schautafeln mit Grafiken und Texten vermitteln unterwegs Einblicke in den mittelalterlichen bis neuzeitlichen Eisensteinbergbau. In Kall und Keldenich ging es um Blei- und Eisenerz, das noch im 18. Jahrhundert mit Schlag- und Brechwerkzeug bis zu 30 Meter tief aus der Erde gelöst wurden. Die Farbe des Quellwassers, Pilze oder Kräuter zeigten den Familien oder drei- bis sechsköpfigen Gräbergruppen an, wo sich die Anlage von Suchgräben lohnte. Bis zu 600 Tonnen sollen unter guten Bedingungen aus einem Schacht in Kübeln herausgeholt worden sein. Zurück blieben im Kaller Gebiet rund 2.000 Kuhlen, Pingen genannt, die als Bodendenkmäler geschützt sind. Ein Infoblatt mit Wegbeschreibung und Hinweisen auf 21 Tafeln entlang des Weges ist im Rathaus Kall erhältlich *(Tel.: 0 24 41/ 888 53, www.kall.de)*.

Eisenerz verleiht dem Ackerboden bei Keldenich die rötliche Farbe.

Interessante Orte rundum

Keldenich

Die „Klara und E. O. Primbsch Stiftung" zeigt rund 2.500 Bilder. Sein Privathaus stellte der Chemiker und Maler als Kunstmuseum zur Verfügung. Primbsch vertrat die Auffassung, Kunst solle die Gefühlswelt der Betrachter bereichern *(Königsfelder Str. 30, Tel.: 0 24 41/51 62 oder 63 65, www.museum-primbsch.de, Öffnungszeiten: nach Vereinbarung).*

Scheven

Mit nur 570 Einwohnern ist Scheven Bahnstation an der Strecke Köln-Trier. Gut erhalten sind die Strukturen des Bauerndorfes mit Mittel- und Kleinbetrieben. Häuser und Stallungen wurden größtenteils geschmackvoll ausgebaut. Die Innenhöfe bieten Blumenvielfalt. Zwei Landwirte sind im Dorf noch aktiv. Im 300 Jahre alten Vierseitenhof ist eine Töpferei mit Galerie in Scheune und Stall untergebracht *(Wallenthaler Str. 17, Tel.: 0 24 41/53 99).*

Sistig

Anziehungspunkt in Sistig sind die zeitgenössischen Deckenmalereien in der St. Stephanus-Kirche. Die **Bilderbibel** von Sistig wurde durch Ernst Jansen-Winkeln im Kriegsjahr 1941 begonnen. 1945 bis 1948 setzte er seine Arbeit nach dem Überleben von Front und Gefangenschaft fort. Jesus mit der Dornenkrone, Lenin und Karl Marx stellte er in einer Darstellung untereinander. Internationale Beachtung fand die Interpretation von Adolf Hitler als Antichrist im Smoking, der mit einem brennenden Kruzifix die Worte der Bibel zu vernichten sucht. Dieses Bild befindet sich an der Decke im linken Seitenschiff.

KALL

Im **Naturschutzgebiet** Sistiger Heide/Krekeler Heide zwischen Sistig und Krekel steht das einzige Vorkommen des Lungenenzians im Kreis Euskirchen.

Oben: Im Frühjahr leuchtet der Raps auf den Hügeln bei Scheven.

Unten: Die St. Stephanus-Kirche von Sistig (rechts) mit der Darstellung von Hitler als Antichrist (links).

Sötenich

Vom späten Mittelalter an entstanden Eisenwerke, die 1895 von ersten Kalkschachtöfen abgelöst wurden. Das Zementwerk im Urfttal beschäftigt heute 90 Mitarbeiter. In zwei Steinbrüchen der Sötenicher Kalkmulde wird das Gestein in Terrassen herausgesprengt. Ein Förderband überbrückt die 570 Meter bis ins Zementwerk. Am Ortsausgang nach Rinnen liegt die ehemalige Gaststätte Hamelmann mit Saal, in der heute die Eifeler Sufi-Gemeinde ihre **Osmanische Herberge** unterhält. Das spirituelle Zentrum veranstaltet auch kulturelle Events, zum Beispiel ein Sufi-Soul-Festival im Sommer *(www.osmanische-herberge.de)*.

Eine Statue von Hermann-Josef mit dem Jesuskind auf dem Arm krönt den Torbogen im Kloster Steinfeld.

Steinfeld

1.000 Jahre Kultur erwartet die Besucher in Steinfeld. Das Kloster mit seinen drei charakteristischen Türmen auf einem Höhenzug über dem Urfttal wurde 1923 von Salvatorianern übernommen und neu belebt. Schon im 12. Jahrhundert zählte Steinfeld unter den Prämonstratensern, die die **Basilika** im klassisch-romanischen Stil bauten, zu den bedeutendsten Klöstern im deutschen Reich. Heute wird die Gesamtanlage als eine der am besten erhaltenen klösterlichen Baudenkmäler des Rheinlandes eingestuft. Architektur und barocke Ausstattung machen die Basilika zu einem kunsthistorischen Juwel der Eifel. Die Kirche trägt den Namen St. Potentinus, Felicius und Simplicius.

Eine starke Ausstrahlung geht von der 1727 durch Balthasar König aus Bad Münstereifel vollendeten **Orgel** in der Basilika aus. Organisten aus dem In- und Ausland reisen an, um auf dem historischen Instrument mit seinen 35 Registern und 1.956 Pfeifen zu spielen. Beliebt und hoch geschätzt sind das ganze Jahr über die Orgelvespern. Diese Konzerte sollen an das Stundengebet der Mönche erinnern. Am ersten Wochenende nach Pfingsten zieht das Eifeler Musikfest Publikum aus dem weiten Umkreis an.

Viele Pilger stellen sich alljährlich zum Fest des heiligen **Hermann-Josef** (1150–1241) am 21. Mai ein. Eine Prozession zieht aus der Kirche durch den Ort. Die Gebeine des Heiligen birgt ein hölzerner Schrein, der seit

1732 in einem Sarkophag vor dem barocken Altar der Basilika steht. Das Grabmal besteht aus rotem „Eifelmarmor" aus einem Steinbruch bei Urft. Wie Hermann-Josef das Jesuskind auf den Arm nahm, zeigen eine Statue über dem Torbogen zum Innenhof des Klosters sowie eine Skulptur im Hochaltar und das Grabdenkmal des Heiligen.

Die Salvatorianer unterhalten innerhalb der Klostermauern ein Gymnasium, ein Jungeninternat, eine Verlagsbuchhandlung sowie eine Bildungsstätte mit Gästehaus. Vor der Klostermauer ist der Orden Verpächter der Klosterschenke. Kostbarkeiten aus vielen Jahrhunderten Kirchengeschichte hat Pater Pankratius Kebekus in der **Schatzkammer** des Klosters zusammengetragen. Zu sehen sind Reliquiare, Kelche und Monstranzen, Bilder und Skulpturen. Aber auch rostige Schlüssel von Klostertüren finden ihren Platz – und ein Morgenstern. Das Folterinstrument erinnert daran, dass die Äbte des Klosters früher auch die weltliche Gerichtsbarkeit ausübten *(Hermann-Josef-Str. 4, Tel.: 0 24 41/889-0, www.klostersteinfeld.de, Besichtigung der Schatzkammer nur nach Absprache, Spenden sind erwünscht; einstündige Führungen durch Basilika und Kloster So 14 Uhr, Treffpunkt: Vorkapelle der Basilika).*

Unmittelbar vor der Klostermauer liegt die **Benediktinerinnen-Abtei St. Mariä Heimsuchung**. Zur Abtei gehört eine Saalbaukirche mit abgesetztem Nonnenchor. Die Benediktinerinnen kamen 1954 aus Belgien nach Steinfeld.

Oben: Der schattige Innenhof von Kloster Steinfeld

Unten: Kostbares und Kurioses zeigt die Schatzkammer.

DER MÖNCH VON STEINFELD

Hermann war der Sohn armer Eltern in Köln. Schon früh verspürte er eine innige Nähe zu Maria. Der kleine Hermann soll regelmäßig in St. Maria im Kapitol vor dem Bild der Gottesmutter gekniet haben, um mit ihr und dem Jesuskind zu sprechen.

Dabei, so die Überlieferung, habe er Maria einen Apfel gegeben, den sie lächelnd genommen und dem Jesuskind gereicht habe. Auch heute noch legen Kölner Äpfel vor den Marienaltar, und der Hermann-Josef-Brunnen auf dem Kölner Waidmarkt zeigt diese Szene. Mit zwölf Jahren kam Hermann nach Steinfeld, wo er nach seiner Ausbildung als Sakristan und Priester wirkte. Mit seinem Tod bei einem Seelsorgegang nach Zülpich-Hoven setzten Wunder ein. Über 30 Heilungen, die detailliert be-

Ein Fernblick auf das Kloster und das Dorf Steinfeld

schrieben sind, werden auf sein Wirken zurückgeführt. Die Legende sagt auch, dass Hermann mit der Jungfrau Maria „vermählt" worden sei und seitdem den zweiten Namen Josef getragen habe.

Urft

Die ehemalige Wasserburg **Dalbenden** im Urfttal war jahrhundertelang Sitz der Hüttenherren. Die Burg hatte bis 1800 in erster Linie eine Schutzfunktion für die eisenverarbeitenden Betriebe. Die Ursprünge der Burg lagen im 13. Jahrhundert. Nach Schäden im Zweiten Weltkrieg und einem Brand 1964 wurde die Burg zunächst Hotel und Restaurant. Heute sind Burg und Nebengebäude in Komfort-Wohneinheiten umgebaut worden. Gegenüber von Burg Dalbenden weist ein Schild auf die Ruine Stolzenburg und ein Stück des Römerkanals hin. Das **Gillesbachtal** bei Urft bietet eine einzigartige Pflanzenvielfalt mit Kuhschelle, Enzian und Händelwurz.

KREUZAU
Einwohner: 19.200
Fläche: 42 km^2
Orte: Bergheim, Bilstein, Bogheim, Boich, Drove, Kreuzau, Langenbroich, Leversbach, Obermaubach, Schlagstein, Stockheim, Thum, Üdingen, Untermaubach und Winden
Kontakt: Rathaus Kreuzau, Bahnhofstr. 7, 52372 Kreuzau, Tel.: 0 24 22/507-0, www.kreuzau.de

In Kreuzau-Obermaubach gehen Börde-Landschaft und Eifel ineinander über.

Kreuzau

Wo Lachse sich am Fenster zeigen

In einer Auen-Landschaft, wo die Rur die Nordeifel verlässt und die Ebene des Düren-Jülicher Raumes erreicht, liegt auf dem rechten Ufer Kreuzau. Die Elemente der Eifel und die der Börde gehen hier ineinander über. Steile Felspartien säumen die Rurhänge. Von den nach Norden abfallenden Hängen kann man bis in die Börde, bis zum Siebengebirge und in das breite Rurtal blicken. Mit fünf Haltepunkten bedient die Regionalbahn Düren-Heimbach die Gemeinde.

Kreuzau ist mindestens 1.000 Jahre alt. Das lässt sich am Grabmal der in Obermaubach geborenen Mutter des heiligen Heribert in der Kirche St. Heribert ablesen. Der Heilige war von 999 bis 1021 Erzbischof von Köln. Ein Keltenwall weist darauf hin, dass die Rurauen sogar schon in vorrömischer Zeit besiedelt waren.

Burgen sind in Drove, Kreuzau und Untermaubach zu finden. Von der ehemaligen Wasserburg in Obermaubach sind nur noch Reste erhalten.

Oben: In der Burg Kreuzau liegt der Ursprung des Ortes.

Mitte: Viel Grün zeigt Kreuzaus Zentrum.

Unten: Mühlenteiche dienen der Papierindustrie.

Dafür hat Obermaubach noch eine Mühle zu bieten. Sehenswerte Fachwerkhäuser sind insbesondere in Boich, Drove, Thum, Üdingen und Untermaubach anzutreffen.

Die **Papierindustrie** entwickelte sich zum vorherrschenden Industriezweig. Bereits Mitte des 17. Jahrhunderts nutzten Papiermacher das weiche Wasser der Rur. Der Industrielle Kurt Hoesch stiftete der Gemeinde eine Kampfbahn. Die Festhalle geht auf eine Stiftung von Hans Hoesch zurück. Heute produzieren noch drei der vier Großbetriebe in der Gemeinde Papier, der vierte verarbeitet Kunststoff. Fünf **Mühlenteiche** lassen sich als Zeugnisse der 300-jährigen Geschichte der Papierindustrie entdecken. Sie werden gespeist aus Nebenarmen der Rur. Man legte sie im Mittelalter an, um die Wasserkraft des Flusses zu nutzen. Sie trieben Korn- und Ölmühlen, später auch Papier- und Walzmühlen an. Die Rur war vor den Talsperrenbauten als typisches Wildwasser mit stark wechselnden Wassermengen nicht nutzbar. So wurden künstliche Gräben angelegt. Jeweils ein größeres Wehr zwang das Wasser aus der Rur in die Teiche. Da die Gewässer teilweise noch Turbinen antreiben und unter den Firmen durchlaufen, sind sie für Freizeitaktivitäten nicht zu nutzen.

Unter einer eindrucksvollen Glaskuppel bietet das **Freizeitbad Rurwelle Kreuzau** Badespaß für Jung und Alt bei jeder Wetterlage. 1.000 Quadratmeter Freizeitvergnügen teilen sich auf in Wellenbad, Riesenwasserrutsche, Strömungskanal, Whirlpool, Sauna und Sportbecken. Hinzu kommen Außenbecken, Liegewiese und Cafeteria *(Windener Weg 7, Tel.: 0 24 22/9 42 60, www.rurwelle.eu, Öffnungszeiten: Mo–Fr 10–22 Uhr, Sa/So 9–23 Uhr).*

Das Heinrich-Böll-Haus in Langenbroich ist eine Zufluchtstätte für verfolgte Künstler.

Interessante Orte rundum

Drove

Wie eine Insel liegt die rund 680 Hektar große **Drover Heide** zwischen der Rureifel und der fruchtbaren Zülpicher Börde. Das Gebiet entstand vor etwa 25 Millionen Jahren aus Schottern des Rheins und der Rur. Während ähnliche geologische Formationen im Umfeld heute nach Kahlschlag und intensiver Weidewirtschaft wieder mit Wald bewachsen sind, hat die Drover Heide ihre Einzigartigkeit erhalten. Grund dafür war die langjährige militärische Nutzung: Schießbetrieb und Panzer haben das Gelände offen gehalten. Dadurch konnten sich charakteristische Biotope entwickeln. Heute ist die Drover Heide ein europaweit bedeutsames Naturschutzgebiet für viele bedrohte Tiere und Pflanzen. Rohrweihe und Wespenbussard kreisen über Pfeifengraswiesen, und selbst Laubfrösche quaken hier noch. Eine gemischte Herde von schottischen Hochlandrindern und Ziegen hält den Gehölzwuchs in Schach, um die Heidelandschaft zu erhalten.

Langenbroich

Eine gastfreundliche Zufluchtstätte für verfolgte Künstler aus rund 30 Ländern ist das **Heinrich-Böll-Haus** in dem nur 150 Einwohner zählenden ehemaligen Bergbauort nahe dem Hürtgenwald. Der Schriftsteller Heinrich Böll und seine Frau Annemarie kauften das Bauernhaus 1966 und machten den Ort in der Welt bekannt, als sie im Februar 1974 den aus der Sowjetunion ausgewiesenen Literaturnobelpreisträger Alexander

Interessante Orte rundum

Solschenizyn aufnahmen. Böll starb am 16. Juli 1985 in seinem Haus in Langenbroich. Die Heinrich-Böll-Stiftung, die Stadt Düren und das Land Nordrhein-Westfalen nahmen seit 1989 schon über 120 Künstlerinnen und Künstler bis zu vier Monate in vier Wohnungen in dem Haus auf. Für die Schriftsteller und Komponisten werden Ausstellungen, Konzerte, und Lesungen vermittelt. Das Heinrich-Böll-Haus dient auch als kulturelle Begegnungsstätte *(Tel.: 02 21/2 83 48 50, www.boell.de)*.

Obermaubach

Springende Lachse sollen auch in der Rur wieder beobachtet werden können, wenn sie ihre Laichgewässer zwischen Obermaubach und Heimbach aufsuchen. Im November 2007 wurde ein Fischaufstieg neben der Wasserkraftanlage des Staubeckens Obermaubach links der Rur in Betrieb genommen. Sobald Lachse, Meeresforellen, Aale, Fluss- und Meeresneunauge der Lockströmung folgen und über die Stufen die Wehrhöhe überwinden, werden sie gezählt. Besucher können die Fische durch Glasscheiben beobachten und sich gleichzeitig von der Wasserqualität der Rur überzeugen. Von der Rückkehr der Wanderfische wird auch die Kall bis unterhalb der Kalltalsperre profitieren. Neben der Fischtreppe Obermaubach werden ein Fischaufstieg in Roermond, wo die Rur in die Maas mündet, und mit Millionenaufwand auch Lachsweichen an den Haringvlietschleusen im Flussdelta an der Nordsee gebaut werden, um die Rückkehr der Lachse in die Eifel bis 2009 oder 2010 zu ermöglichen.

Praktisch: Für Wanderer und Radfahrer hält die Rurtalbahn am Stausee in Obermaubach.

Staubecken Obermaubach

1,7 Millionen Kubikmeter Wasser fasst das Staubecken der Rur bei Obermaubach. Es wurde 1935 gebaut und wird gemeinsam mit dem Staubecken Heimbach nach einem einheitlichen Plan als Unterbecken der Urfttalsperre und der Rurtalsperre Schwammenauel bewirtschaftet. Damit wird der Wochenausgleich für den unregelmäßigen Abfluss aus den Spitzenstrom-Kraftwerken dieser Talsperren sichergestellt. Seit 1968

INTERESSANTE ORTE RUNDUM

KREUZAU

gibt das kleine Kraftwerk Obermaubach 600 Kilowatt ins RWE-Netz ab. Doch das Staubecken nutzt nicht nur den Menschen. Wo die Rur ins Staubecken mündet, hat man ein Naturschutzgebiet ausgewiesen. Dort tummeln sich Haubentaucher oder Blässralle. Manchmal legen Zugvögel eine Zwischenstation ein. Biber hinterlassen gefällte Bäume, und im Wasser schwimmen Forellen und Äschen. Baden ist im Naturschutzgebiet nicht gestattet. Kanus, Paddel- und Tretboote werden ausgeliehen, und es gibt Angelkarten. Zwei Kneipp-Wanderwege sowie der überregionale Rur-Ufer-Radweg (Linnich–Düren–Heimbach) bringen Gäste in Bewegung.

Informationen: Praktisch für Wanderer und Radfahrer ist der Haltepunkt der Rurtalbahn (mit Fahrradabteil) unmittelbar am Staudamm. Hier kann man Touren starten oder beenden und sich auf eine Terrasse setzen. Auch auf der anderen Seite des Stausees bieten sich in Obermaubach Möglichkeiten zur Einkehr.

Der Landschaftsentdeckungspfad **Maubacher Rurtal** führt Radler und Wanderer von Üdingen 9,3 Kilometer weit durch Fels und Tal *(Auskunft, Tel.: 0 24 21/22 27 80)*.

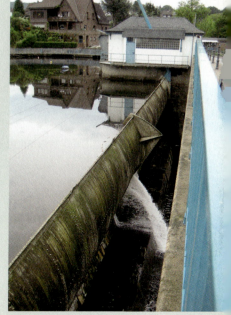

Am Wasserkraftwerk wurde in der Rur eine Fischtreppe mit Sichtfenster angelegt.

FÜRSTIN IN HONIG

Der Alveradis Gedenkstein in Obermaubach erinnert an die von der ehemaligen Wasserburg Molbach stammende Ehefrau Wilhelms II. von Jülich, Fürst auf Burg Nideggen. Wilhelm war grausam und wollüstig. Einmal ließ er seine Frau Alveradis von Molbach (1155–1222) im Sommer mit Honig bestreichen und in einem eisernen Schandkäfig an der Burgmauer aufhängen. Doch bevor Wespen sie tot stechen konnten, befreiten die Frauen des Dorfes die Fürstin. Ihren Retterinnen schenkte Alveradis anschließend die Nutzung des Waldes Mausauel.

125

Der neue Markt in Mechernich lädt rundum zum Shoppen ein.

MECHERNICH

Einwohner: 27.325

Fläche: 136,41 km², mehr als die Hälfte landwirtschaftlich genutzt

Orte: Antweiler, Berg, Bergbuier, Bergheim, Bescheid, Bleibuir, Breitenbenden, Denrath, Dreimühlen, Eicks, Eiserfey, Firmenich, Floisdorf, Gehn, Glehn, Harzheim, Heufahrtshütte, Holzheim, Hostel, Kalenberg, Kallmuth, Kommern, Kommern-Süd, Katzvey, Lessenich, Lorbach, Lückerath, Mechernich, Obergartzem, Rißdorf, Roggendorf, Satzvey, Schaven, Schützendorf, Strempt, Urfey, Voissel, Vollem, Vussem, Wachendorf, Weiler am Berge, Weißenbrunnen, Weyer und Wielspütz

Kontakt: Stadtverwaltung Mechernich, Bergstr. 1, 53894 Mechernich, Tel.: 0 24 43/4 91 01, www.mechernich.de
Touristik-Agentur Mechernich, 53894 Mechernich, Lohmühle 6, Tel.: 0 24 43/4 92 51, www.mechernich.de

Mechernich

Urzeit trifft schöne neue Welt

Mechernich macht den Wandel von einer Bergarbeiterstadt mit landwirtschaftlich orientierten Ortsteilen hin zu einer touristisch ausgerichteten Kommune deutlich: Im Stadtgebiet liegen heute vier große Touristenmagnete.

Schon vor 80.000 Jahren fanden Menschen in den Kartsteinhöhlen bei Dreimühlen Schutz. Kelten und Römer bauten Erze ab. 1882 arbeiteten im Bleibergwerk 4.500 Menschen, 1958 wurde es geschlossen. Die Bundeswehr machte Mechernich mit dem Luftwaffenversorgungsregiment zur

Garnisonsstadt. In einem sieben Kilometer langen Tunnelsystem lagern Ersatzteile und Nachschub. Mit 770 Arbeitnehmern zählt die Hightech-Firma Mechatronics zu den größten Arbeitgebern.

Hoch über dem Ort steht das Wahrzeichen von Mechernich, die **Alte Kirche** St. Johannes. Die zweischiffige spätgotische Hallenkirche wurde 1514 in Bruchsteinen errichtet. Der romanische Westturm stammt aus dem 11. Jahrhundert. Im Innenraum wurden Fresken aus verschiedenen Epochen aufgearbeitet, darunter auch romanische Fresken.

An Jim Knopf und Lukas, den Lokomotivführer in Lummerland, erinnert die über einen Schienenbogen gen Himmel fahrende Grubenlok mit Lore

Die Alte Kirche St. Johannes hoch über dem Ort ist das Wahrzeichen von Mechernich.

im Kreisel an der B 266. Sie macht auf das Besucherbergwerk der **Grube Günnersdorf** und das Bergbaumuseum aufmerksam. 1995 wurden Stollen, Schächte, Höhlen und Gänge des 1957 stillgelegten Bergwerks von Schlamm befreit. Bleierz liegt noch zwölf Kilometer lang und zwei Kilometer breit zwischen Kommern und Kall, doch der nutzbare Metallanteil lohnt den Abbau nicht mehr. In der aus dem 19. Jahrhundert stammenden Grube führt ein leicht abfallender Stollen bis in 30 Meter Tiefe. Die Temperatur beträgt konstant 9 Grad Celsius. 5.000 Mechernicher suchten in den Kriegsjahren 1943 bis 1945 hier Schutz. Krankenbetten standen in den Stollen, und man nahm in einer hallenartigen Höhle sogar Notoperationen vor. Drei Schuster flickten hier Schuhe, und ein Pfarrer las die Messe. Eine Führung durch den Stollen dauert etwa 90 Minuten. Für Kinder wird nach telefonischer Vereinbarung die Schatzsuche mit Taschenlampen zum Erlebnis *(Bleibergstr. 6, Tel.: 0 24 43/492 51)*.

Das **Bergbaumuseum** bietet neben Grubenlampen, Helmen, Loren und Leitern zahlreiche Erinnerungsstücke und Informationen aus der Zeit des Erzabbaus *(Bleibergstr. 6, Tel.: 0 24 43/486 97, www.bergbaumuseum-mechernich.de, Öffnungszeiten: Di–Sa 14–16 Uhr, So 11–16 Uhr)*. Über zehn Kilometer führt ein **bergbauhistorischer Wanderweg** vom Museum am ehemaligen Betriebsgelände vorbei zum Reststumpf des einmal 134 Meter hohen Schornsteins Langer Emil, zum vollständig erhaltenen Förderturm Malakow und zum Baltesbendener Weiher, der für die Bleierzaufbereitung benötigt wurde.

Information: 17 sehenswerte Punkte in der Stadt Mechernich erschließt die Erlebnisroute **Mechernicher Acht** für Radfahrer. In Form einer 8 sind zwei Rundkurse kombiniert. Dabei wird auch die Wasserburgenroute tangiert. Die Strecke berührt drei Bahnhaltepunkte.

Oben: Bergmänner aus Bronze auf dem Markt

Unten: Das alte Rathaus mit einem Stück Römerkanal

Ein ehemaliges Königsgut in Berg wird weiter landwirtschaftlich genutzt.

Interessante Orte rundum

Berg

Noch unverfälschten bäuerlichen Charakter zeigt Berg. Schon 699 wurde die Villa Berg von einer Angehörigen des Karolingerhauses nach Luxemburg verschenkt. Das ehemalige Königsgut am nordöstlichen Rand des Dorfes entwickelte sich zu einem Hof der Abtei Echternach. Der Hof an der Einmündung zweier historischer Straßen nahm im Mittelalter auch die Funktion einer Fluchtburg ein. Seit über 100 Jahren ist der Hof in der Hand einer Pächterfamilie.

Breitenbenden

Die Römer richteten im Krebsbachtal in Breitenbenden eine Kanalmeisterei ein. Hier sind mehrere Schächte erhalten, durch die Kontrolleure und Arbeiter zur Reparatur in den Römerkanal (s. S. 153) einsteigen konnten. Kleinere Gebäudereste mit Treppenzugang stammen vermutlich von einem Keller oder einer Tempelanlage, die zum Schutz der Wasserleitung errichtet wurde. Breitenbenden taucht 1192 als „Breydenbend" (breite Wiese) in einer Urkunde auf.

Dreimühlen/Kakushöhle

Oberhalb von Dreimühlen liegt eine der ältesten Behausungen der Menschheit: die Kakushöhle. Hier wurden menschliche Spuren und ein Pferdezahn geborgen, die in die Zeit vor 300.000 Jahren datiert werden. Die Funde belegen, dass sich eine Urmenschengruppe der Art Homo erectus am Fuß des Steilhangs aufgehalten haben muss. 1911 wurden zwei Meter hohe Ablagerungen in der Kartsteinhöhle abgetragen. Dabei kamen 60.000

Interessante Orte rundum

Oben und unten: Die Kakushöhle bei Dreimühlen ist eine der ältesten Behausungen der Menschheit.

bis 80.000 Jahre alte Mammutknochen und Skelette von Höhlenbär, Rentier, Riesenhirsch, Steppenwisent, Wolf und Braunbär zum Vorschein. Steingeräte und Holzkohleflecken zeigen an, dass Neandertaler in der Höhle am Feuer gehockt haben. Weitere Funde belegen, dass die „Ahrensburger Rentierjäger" als Nomaden gegen Ende der letzten Eiszeit in der Höhle Quartier bezogen. Als Menschen dann vor 6.400 Jahren in der Jungsteinzeit sesshaft wurden, legten sie am Kartstein Vorräte in gebrannte Tongefäße. Die Kelten hinterließen aus der Eisenzeit (2500 bis 1000 vor Chr.) Waffen und Schmuck. Schon ehe das alles entdeckt war, kam 1902 Kronprinz Friedrich Wilhelm als Wegweisender in die Höhle. Schautafeln informieren heute beim Rundgang über die Entstehung der Höhle. Ein Teil des Weges ist barrierefrei. Besucher erhalten im Café zur Kakushöhle Kuchen, regionale Speisen und Souvenirs.

Der Riese Kakus

Vor langer Zeit hauste in der Kartsteinhöhle der Riese Kakus. Er war über fünf Meter groß, und seine Hände packten zu wie die Pranken eines Säbelzahntigers. Er trug das Haar zottig, an seiner Halskette baumelten die Hauer von Wildschweinen. Wenn er pustete, fiel alles um, was sich ihm in den Weg stellte. Verließ er die Höhle, dann zertrampelte er die Frucht auf den Feldern und stahl sich zum Abendessen eine Kuh von der Weide. Als eines Tages mit gepflegten Locken über seiner Riesenschulter der den Menschen gut gesonnene Held Herkules in der Nähe der Höhle auftauchte, mussten ihn die geplagten Bewohner nicht lange um Hilfe bitten. Herkules forderte den übermächtigen Kakus zum Kampf heraus. Die beiden Riesen bewarfen sich mit Felsbrocken und rissen Bäume aus, um sich zu

INTERESSANTE ORTE RUNDUM

MECHERNICH

schlagen. Herkules setzte seine Keule ein und streckte Kakus für immer zu Boden. Aber Herkules war schwer verletzt. Als er drei Tage später starb, begruben die Menschen ihren Befreier unter großen Steinen. Herkelstein heißt bis heute diese Stelle bei Holzheim. (nach Sophie Lange)

Eicks

Ein Barockgarten mit geometrisch angelegten Wegen zieht die Besucher von Eicks in seinen Bann. Ein breiter Wassergraben umschließt das Schloss seit 1680. Kaum ein anderer ländlicher Adelssitz im Rheinland ist so authentisch erhalten. Das gilt auch für die Innenausstattung. Das Barockschloss war erst ein mittelalterlicher Herrenhof. Türme, Mauern, Gräben und ein Gefängnis stammen aus dem 16. Jahrhundert. Eicks hat moderne Schlossherren gefunden, die behutsame Erhaltungsarbeiten mit dem Erlös aus dem Forst finanzieren.

Oben: Authentisch erhalten ist Wasserschloss Eicks mit Türmen, Mauern und Gräben.

Unten: Die Reiter trinken Kaffee in der Zehntscheune, draußen dösen die Pferde.

Eiserfey

Im beschaulichen Dorf ragt unter den Fachwerkhäusern das ehemalige Rathaus (1794–1848) oberhalb der Kirche heraus. Nahebei liegt das Sammelbecken der römischen Wasserleitung nach Köln, wo sich zwei Leitungsstränge vereinen. Das Sammelbecken mit drei Metern Durchmesser ist mit einem Schutzdach versehen und kann jederzeit besichtigt werden. An der Straße „Am Römerkanal" ist ein Anschnitt der Hauptleitung des Römerkanals zu sehen.

Glehn

Das Interesse an alten, in der Eifel bewährten Apfel- und Birnbaumsorten ist groß. Das Wissen drohte verloren zu gehen, weil Plantagenobst bevorzugt wurde. Zwei Fördervereine sorgen dafür, dass sich in Glehn, Lückerath, Bescheid, Wielspütz und Bleibuir Streuobstwiesen aneinander reihen und gepflegt werden. Bis in die 1950er Jahre gab

Interessante Orte rundum

Oben: Die ehemalige Bürgermeisterei ist das stattlichste Haus in Eiserfey.

Unten: Laubbäume rahmen den Frohnhof in Glehns Mitte ein.

es in der Eifel rund 1.000 verschiedene Apfelsorten, die spezifische Anforderungen an Boden und Höhenlage stellten. Der Eifeler Obstwiesenverein „Renette" veranstaltet im Herbst das Obstwiesenfest mit Infos rund um alte und neue Apfelsorten *(Auskunft, Tel. 0 24 43/4 82 82 oder 0 22 53/22 39, www.renette-online.de und www.foeno.de).*

Hostel

Aus dem 17. und 18. Jahrhundert stammen die Fachwerkhäuser, die sich in der Dorfmitte von Hostel um den Frankenring gruppieren. Allein die Eindrücke, die dieser Dorfanger vermittelt, sind schon einen Besuch wert. In der Hubertus-Kapelle von 1492 wurden mittelalterliche Wandmalereien in den Kreuzrippengewölben und an Wänden freigelegt. Studenten restaurierten die Seitenaltäre.

Kallmuth

Schon im 13. Jahrhundert war Kallmuth Rittersitz. Die hochadligen „Herren von Calenmundt" hinterließen ihre Spuren im Dorf. Heute fällt der weiße Treppengiebel eines spätgotischen Herrenhauses neben der Kirche ins Auge. Auch der Dorfbrunnen wurde behutsam restauriert. Der Kallmuther Ritt zieht am 01. Mai als Prozession durch das Dorf zur Reiter- und Pferdesegnung. Auf der Straße von Scheven in Richtung Kallmuth liegen links riesige Bleierztagebau-Abraumhalden. Die römische **Brunnenstube** befindet sich 1,5 Kilometer südöstlich vom Ort an der Straße nach Eiserfey in einem landschaftlich reizvollen Tal. Sie wurde im 1. Jahrhundert n. Chr. als eines der drei Kopfenden der römischen Wasserleitung (s. S. 153) nach Köln angelegt. Ein Tosbecken in der Brunnenstube bremste die Fließgeschwindigkeit des Wassers aus dem höher gelegenen „Grünen Pütz" zwischen Urft und Nettersheim ab. Durch ein wasserdurchlässiges Fundament sickerte zusätzlich Quellwasser in die Brunnenstube, die bis zur Dämmerung geöffnet ist.

MECHERNICH

Katzvey

Zwischen Satzvey und Mechernich tauchen in einer S-Kurve der Landstraße die **Katzensteine** mit einem kleinen Parkplatz an der Grenze zur Veybachaue auf. Die Buntsandsteinformation bezieht ihren Namen von der ehemaligen kleinen Burg Katz, die in den benachbarten Talwiesen lag. Die Römer betrieben hier 200 Jahre lang einen Steinbruch, aus dem sie Quader für Weihesteine und Steinsärge brachen. Erst 2007 wurden in der Nähe im Wald die Reste einer römischen Tempelanlage ausgegraben, die der Jagdgöttin Diana geweiht war. Vorher waren hier bereits steinzeitliche Spuren gesichert worden. Nur 200 Meter von den Katzensteinen entfernt verläuft die römische Wasserleitung.

Oben: Zwischen Kallmuth und Eiserfey

Mitte: Brunnenstube des Römerkanals

Unten: Treppengiebel des Herrenhauses in Kallmuth

Kommern

Der Ort hat seinen historischen Kern über 400 Jahre erhalten können. Haus Nr. 29 in der Kölner Straße stammt von 1548 und zählt zu den ältesten Fachwerkhäusern der Region. Haus Nr. 18 zeigt einen Stockbau von 1562. Die 1350 erbaute Burg Kommern vor der neugotischen Kirche St. Severin war 450 Jahre lang Sitz der Verwalter der Grafen von Arenberg und danach das Zuhause von Bergwerksbesitzern. Die Bleifigur eines felsensprengenden Bergmanns im Park weist darauf hin. Nach dem Krieg bestand hier ein Internat. Den Bleiabbau durch die Römer

Oben: Pferdekoppel vor dem Becherhof in Kommern

Mitte: An den Katzensteinen brachen Römer Felsquader.

Unten: Am Frankenring in Hostel.

weist der Stempel der XVI. Legion aus Neuss (Novesium) in einem Bleibarren nach.

Der **Hochwildpark Rheinland** in Kommern-Süd bietet täglich von 9 Uhr bis zum Einbruch der Dämmerung Tuchfühlung mit Rehen, Hirschen und Wildschweinen. Der 80 Hektar große Park liegt zwischen Kommern-Süd und Katzvey. Durch die bewaldeten Gehege ziehen Elche, Muffelwild, Steinböcke, Yaks, Auerochsen und Damwild. An den Wegen durch die Reviere bieten sich Beobachtungsbühnen und Futterplätze an. Teile des Parks sind barrierefrei. Seilbahn, Klettergerüste, Rutschen und Spielplatz erwarten die Kinder. Familien oder Gruppen können nach Voranmeldung einen der Grillplätze nutzen. Auf das Treiben der Vögel in den Volieren blickt man aus dem Café im „Waldhaus" *(Tel.: 0 24 43/65 32, www.hochwildpark-rheinland.de).*

Im **Rheinische Freilichtmuseum** – Landesmuseum für Volkskunde in Kommern wurden auf 75 Hektar 65 historische Gebäude aus der Rheinprovinz in Baugruppen aufgebaut. Der Niederrhein, das Bergische Land, die Eifel und das Eifel-Vorland sowie Westerwald und Mittelrhein bilden jeweils eigene kleine Dörfer. Schule, Kapelle, Tanzsaal, Backhaus, Werkstätten, typische Bauernhöfe und ein Tante-Emma-Laden sind jeden Tag geöffnet. Die Reise zurück ins 15. bis 19. Jahrhundert wird für die Besucher mit allen Sinnen erlebbar,

INTERESSANTE ORTE RUNDUM

MECHERNICH

wenn sie die im Museum gespielten Szenen der „Living History" wahrnehmen. In den Häusern lassen sich Bäuerinnen, der Bäcker, der Drechsler, der alte Dorfschmied und die Weberin ansprechen. Gänse watscheln über die Wege, und auf der Weide stehen Kaltblüter, die bei der Ernte und beim Holzrücken eingesetzt werden.

Zu den rund 70 Sonderveranstaltungen im Jahresverlauf zählen der „Historische Jahrmarkt anno dazumal", „Nach der Ernte" und „Advent für alle Sinne". Dazu kommen Vortragsreihen und Angebote zur Ahnenforschung, zum Umgang mit Heilkräutern und „Schreiben wie vor 100 Jahren". Publikumsrenner sind die Dauerausstellungen. „Schöne neue Welt" beschreibt in szenischen Darstellungen die Auswanderung nach Amerika anhand eines Tagebuches von 1764. „Wir Rheinländer" zeigt 200 Jahre rheinische Geschichte. In einer Halle wurde dafür die Stadt „Rhenania" mit Gassen und 50 massiven Häusern aufgebaut – originalgetreu nach Vorbildern aus dem gesamten Rheinland. Der Rundgang beginnt 1794, als die Franzosen das linke Rheinufer besetzten, und endet 1955. Gezeigt werden Szenen von der Franzosenzeit über die Schrecken des Krieges bis zum Wirtschaftswunder. Für die Puppen-Darsteller in dieser Zeitreise ließen 200 bekannte und unbekannte Rheinländer ihre Köpfe abformen *(Auf dem Kahlenbusch, Tel.: 0 18 05/ 74 34 65, www.kommern.lvr.de, Öffnungszeiten: April bis Oktober täglich 9–18 Uhr, November bis März täglich 10–16 Uhr).*

Zur **Sommerrodelbahn** Erlebniswelt Eifeltor fährt man im Kreisel an der B 266 bei Kommern rechts ab. Die 680 Meter lange Bahn bietet jede Menge Rodelspaß. Auch im Winter geht's hier bergab. Daneben liegen eine Minigolfanlage mit 18 Bahnen, ein Spielplatz mit Trampolin, elektrischer Schaukel und elektrischem Bagger sowie Rutschbahn und Schaukel. Eine 350 Meter lange Quadbahn *(Öffnungszeiten: Sa/So/ Feiertage 12–17 Uhr)* führt durch hügeliges Gelände. Zur Erlebniswelt zählt noch ein Hotel, das mit Aktionen vom Flohmarkt bis zum Popkonzert aufwartet *(Tel.: 0 24 43/98 13 80, www.erlebniswelt-eifeltor.de, Öffnungszeiten: April bis Oktober täglich 10–22 Uhr, November bis März Sa/So/Feiertage 10–18 Uhr).*

Wolfgang Overath als Kaufmann in einer Szene von „Wir Rheinländer"

Lessenich

Burg Zievel bildet den Mittelpunkt eines 18-Loch-Golfplatzes bei Lessenich.

Weithin sichtbar liegt außerhalb des Dorfes an der Straße von Satzvey nach Wachendorf die **Burg Zievel**. Der Name taucht 1107 erstmals auf. Von den einmal fünf Türmen der Vorburg sind noch vier erhalten. Die Wassergräben sind ganz verschwunden. Burg Zievel bildet heute den Mittelpunkt eines 18-Loch-Golfplatzes. Von der Terrasse des Restaurants bieten sich schöne Ausblicke auf die grünen Anlagen. Die frischen Farben der Gebäude und das gepflegte Ensemble verleihen der Burg Schlosscharakter. Die Eifelautobahn führt in Sichtweite an der Burg vorbei.

Obergartzem

Aus einer Steinzeugfabrik von 1882 wurde in Obergartzem die Kultur- und Freizeitfabrik **Zikkurat**, die Unterhaltung, Kultur und Sport bietet. In der Tonfabrik, einer Tanz- und Veranstaltungshalle mit Disco und Live-Konzerten, wird in erster Linie die junge Generation angesprochen. Neben Ausstellungen und Märkten bleibt Platz für einige Künstlerateliers. Das Freizeitcenter Big Bowl lädt zum Spiel an 16 Bowling-Bahnen, 20 Billardtischen und weiteren Unterhaltungsgeräten. Sportlichen Ambitionen kommen Indoorsoccer, Cycling, Aerobic und Nordic-Walking-Kurse entgegen. Die Eifel-Therme Zikkurat bietet ein Erlebnisbecken mit Strömungskreisel, Luftsprudelbank, Kletternetz, Wasserfällen, Kleinkinderbereich und Rutsche. Das Wasser ist mit Salz angereichert. Finnische Sauna, Blockhaussauna, Sanarium und Dampfbad runden das Angebot ab. Vor dem Erlebnisbad befinden sich auf dem 12.000 Quadratmeter großen Zikkurat-Gelände noch ein Beachvolleyballfeld und ein Beachsoccerplatz. Zur Stärkung bieten sich zwei Restaurants an *(An der Zikkurat 4, Tel.: 0 22 56/ 9 58 38-0 www.zikkurat.de)*.

Satzvey

Über die Landesgrenzen hinaus bekannt sind die Ritterspiele auf **Burg Satzvey**. In den Reigen der regelmäßigen Veranstaltungen gehören aber auch Auktionen, Theater, Halloween-Gruselei, Hexenmarkt und Hexentanz,

INTERESSANTE ORTE RUNDUM

Fantasy Days, Krimi-Dinner und Burgweihnacht. Auch zu Burgführungen mit anschließender Greifvogelschau kann man sich anmelden. Die im 19. Jahrhundert zu einem romantischen Landsitz umgebaute Burg mit Wassergraben stammt aus dem 14. Jahrhundert. Das Bonner Benediktinerinnenstift hatte in Satzvey den wehrhaften Sitz für den Verwalter seiner umfangreichen Güter eingerichtet. Seit 300 Jahren ist die Burg im Besitz der Grafen Beissel von Gymnich. Die Burg bietet sich auch für private Festveranstaltungen an. Neu ist das Gästequartier in einem Fachwerkhaus gegenüber der Burg *(Tel.: 0 22 56/95 83-0, www.burgsatzvey.de)*.

Vussem

Nahe der Kallmuther Brunnenstube trifft man in der Titusstraße in Vussem auf ein monumentales Bauwerk des Römerkanals, den rekonstruierten Teil des **Aquädukts**. Die Wasserleitung wurde hier über das 70 Meter breite Veytal geführt. Von den 14 Brückenpfeilern sind 1956 drei Pfeiler wieder errichtet worden. Diese Teilrekonstruktion lässt das Ausmaß der ehemaligen Anlage erahnen. Von hier führt der Römerkanalwanderweg nach Süden zum Sammelbecken Eiserfey und nach Norden zur Kanalmeisterei bei Breitenbenden.

Wachendorf

Am Ortsrand liegt umgeben von Grünflächen und großen alten Bäumen Schloss Wachendorf, ein dreigeschossiges herrschaftliches Haus mit hohem Mansarddach. Aus dem Gebäude heraus wächst ein sechsgeschossiger Mittelturm. Eine kleine Kapelle und ehemalige Wirtschaftsgebäude stehen daneben. Erst auf den zweiten Blick sind Reste von Wassergräben und Befestigungsanlagen auszumachen. Die Anfänge der mittelalterlichen Wasserburg Wachendorf liegen im 12. Jahrhundert. Die Umbauten zur heutigen Form erfolgten 1883. Die erste Etage des Schlosses wird seit 2007 als Beletage für Hochzeiten und ähnliche Feiern vermietet. Die zweite Etage bewohnen die Schlossbesitzer *(Tel.: 0 22 56/95 80 98-0, www.schloss-wachendorf.de)*.

Burg Satzvey zieht mit Ritterspielen und Aktionen Besucher von weit her an.

FÜR BRUDER KLAUS BETON GESTAMPFT

Oben und unten: Im Inneren ist die Bruder-Klaus-Kapelle so ungewöhnlich wie ihre Silhouette.

An einen Meteoriten, der auf rätselhafte Weise zwischen Wachendorf und Rißdorf gelandet ist, lässt ein Bauwerk denken, das sich gut 12 Meter über die Felder am Ortsrand von Wachendorf erhebt. Das monolithische Bauwerk ist eine Kapelle, geweiht im Mai 2007. Sie wurde vom Landwirte-Ehepaar Trudel und Hermann-Josef Scheidtweiler vom Heidehof in Wachendorf gestiftet aus Dankbarkeit für ein gutes Leben. Gewidmet ist sie dem 1417 geborenen Schweizer Eremiten und Mystiker Bruder Klaus.

Geplant wurde der Sakralbau von dem Schweizer Architekten Prof. Peter Zumthor und erbaut mithilfe vieler freiwilliger Helfer. Das Innere der Kapelle ist so ungewöhnlich wie ihre Silhouette. Zunächst wurde der Raum aus 112 Baumstämmen wie ein Zelt errichtet. Um diesen Kern trug man Stampfbeton auf, ein in der Eifel bis in die 1950er Jahre gängiger Baustoff. Zement, Flusskies und rötlicher Sand prägen die unregelmäßige Farbgebung. Ein Köhlerfeuer trocknete drei Wochen lang den Innenraum. Dann baute man die Baumstämme wieder aus, die nun die Innenwände geformt hatten.

Mit einem zweiten Feuer schwärzte man die Wände. 300 darin eingesetzte Glaskugeln reflektieren sanft das spärlich durch eine Öffnung im Dach eindringende Tageslicht. Man fühlt sich in die Eremitage von Bruder Klaus versetzt, der aus irdischer Dunkelheit nach oben in den Himmel blickte. Auf den leicht geneigten Fußboden wurde eine Mischung aus Zinn und Blei aufgetragen. Das erinnert daran, dass in Mechernich früher Blei abgebaut wurde. Regenwasser, das durch die Öffnung im Dach tropft, sammelt sich in einem dafür vorgesehenen kleinen Teich. An den heiligen Nikolaus erinnert eine Büste. Die Kapelle ist ebenso ein Pilgerort für Gläubige wie für Architektur-Fans.

MONSCHAU

Einwohner: ca. 14.000
Fläche: 95 km², davon 45 % Wald
Orte: Höfen, Imgenbroich, Kalterherberg, Konzen, Monschau, Mützenich und Rohren
Kontakt: Stadtverwaltung Monschau, Laufenstr. 84. 52156 Monschau, Tel.: 0 24 72/81 22-0
Monschau Touristik, Stadtstr. 16, 52156 Monschau, Tel.: 0 24 72/80 48-0, www.monschau.de und www.eifel-tipp.de

Monschau gehört zu den touristischen Metropolen der Eifel.

Monschau

Industriekultur und hohe Hecken

Es sind die Schätze der Vergangenheit, die Monschau zu etwas Besonderem machen. Ein heimeliges Stadtbild versteckt sich im engen Tal der Rur, die am Osthang des Hohen Venns entspringt. In Monschau erreicht sie deutschen Boden und schlängelt sich als wilder junger Bach durchs felsige Bett des Städtchens. Ausläufer des belgischen Hochmoors Hohes Venn ragen bis ins Stadtgebiet hinein. Der Wasserreichtum war Voraussetzung für die wirtschaftliche Entwicklung Monschaus durch die Tuchindustrie.

Auch die zu Monschau gehörenden Dörfer sind sehenswert. Höfen, Konzen und Mützenich wurden bereits mit Goldmedaillen beim Landes- und Bundeswettbewerb „Unser Dorf soll schöner werden" ausgezeichnet. Höfen nahm 2004 sogar am Europawettbewerb teil. Typisch für das Mon-

INDUSTRIEKULTUR UND HOHE HECKEN

Wer Monschau verstehen möchte, muss ins Rote Haus gehen.

schauer Land sind die gegen die Windrichtung tief nach unten gezogenen Dächer der Eifel- und Vennhäuser. Selbst innen waren die Häuser energiesparend nach der Witterung ausgerichtet. Die Eingänge zu Haus, Scheune und Stall lagen windgeschützt. Zur Wetterseite hin wurde zunächst die Scheune angelegt, dann folgte der Stall und schließlich das Haus. Monschau erhielt bereits 1352 Stadtrechte. Seine wirtschaftliche und kulturelle Blütezeit erlebte die Stadt im 18. Jahrhundert, als bis zu 6.000 Arbeiter und Heimarbeiter in der Tuchindustrie beschäftigt waren. Weil Alternativen fehlten, spürte die Stadt den Niedergang der Textilindustrie Ende des 19. Jahrhunderts umso heftiger. 1918 wurde der alte Name „Montjoie" (= Berg der Freude) auf kaiserlichen Erlass in „Monschau" geändert. 1996 erfolgte die Anerkennung als Luftkurort. Etwas banal wird Monschau heute gern als „Perle der Eifel" bezeichnet. Tatsächlich besitzt die kleine Stadt einen unverwechselbaren Charme mit ihren schön restaurierten Fachwerkhäusern, den Patrizierbauten, den Schieferdächern, den malerischen Gassen und Winkeln. Der gesamte historische Kern an der Rur ist geschützt. Von den insgesamt 396 eingetragenen denkmalwerten Gebäuden stehen 270 in der Altstadt. Die Monschauer sind ganz auf Gäste eingestellt: Neben Hotels mit bis zu vier Sternen und Pensionen öffnen sich gastlich die Türen in Restaurants, Cafés, Bistros und Imbiss-Restaurants jeder Kategorie. Ein Parkleitsystem schützt die historische Altstadt davor, von ihren Fans „totgeliebt" zu werden: Autos müssen weitgehend draußen bleiben, sodass man gelassen durch die Gassen bummeln kann.

Einblick in das wohlhabende Leben der Tuchfabrikanten bietet das **Rote Haus** im Ortskern – Monschaus prominenteste Adresse *(Laufenstr. 10, Tel.: 0 24 72/50 71, Öffnungszeiten: Karfreitag bis 30. November, Einlass Di–So 10, 11, 14, 15 und 16 Uhr, Anmeldung erforderlich).* Es wurde 1752 als Wohn- und Geschäftshaus erbaut von der protestantischen Familie Scheibler. Diese war wegen ihres Glaubens aus dem bergischen Land vertrieben worden und begann mit der Fertigung von Feintuchen aus importierter Merinowolle. In der ersten Hälfte des 19. Jahrhunderts verlor die Tuchherstellung dann an Bedeutung.

INDUSTRIEKULTUR UND HOHE HECKEN

MONSCHAU

FÄRBER STANDEN IM KALTEN WASSER

Goethes Urgroßmutter war eine geborene Scheibler, Kaiser Wilhelm II. trug sich ins Gästebuch ein, und alles, was in der europäischen Tuchindustrie Rang und Namen hatte, war hier zu Gast: Das sechsgeschossige Rote Haus in Monschau verkörpert Bürgerstolz und Unternehmergeist vergangener Tage.

Ein mehrstöckiges Mansarddach vereint zwei Gebäudeteile, die „Zum Pelikan" und „Zum Goldenen Helm" genannt wurden. Bis zu 4.000 Textil- und Heimarbeiter, darunter Kinder und Frauen, fanden bei den Scheiblers Beschäftigung. Europaweit wurde mit Tuch gehandelt. Im Gewölbekeller des Hauses wurde – wie auch in anderen Monschauer Häusern – Wolle gewaschen und gefärbt. Dafür standen die Färber und Wollwäscher bis zu den Knöcheln im kalten Wasser, das aus der Rur abgezweigt wurde.

Die Rur bahnt sich ihren Weg durch das felsige Bachbett.

Spülkanäle sind noch an der Rückseite des Roten Hauses zu erkennen. Stoffmusterbücher mit rund 6.000 Entwürfen bieten im Kontor Einblick in die Produktion.

Weltberühmt ist die üppig geschnitzte, über drei Etagen freitragende Wendeltreppe aus Eichenholz. Putten zeigen in 21 Szenen Stadien der Tuchherstellung – eine kuriose Mischung aus Handwerkskunst und putziger Schönmalerei der Arbeitswelt. Die großbürgerliche Wohnkultur glänzt mit Aachen-Lütticher Barock, Rokoko, Louis Seize und Empire, aber auch Mobiliar der Gründerzeit und des Jugendstils. Eine Kuriosität stellt im Erdgeschoss ein Raum voller Gemälde dar. Erst auf den zweiten Blick erkennt man, dass Bilder und Rahmen auf die Leinwandtapete gemalt wurden.

Oben: Am Wasserrad erkennt man den Schmitzenshof.

Unten: Tuchscherer hatten es schwer.

Der **Schmitzenshof** von 1765 war vermutlich die älteste Produktionsstätte von Feintuch in Monschau. Wenn man über die Rur schaut, kann man sein großes eisernes Wasserrad erkennen. 1783 entwarf der Aachener Baumeister Johann Josef Couven das repräsentative **Haus Troistorff** (Laufenstr. 18) für den Fabrikanten M. P. W. Troistorff. Das Fachwerk wurde verputzt und mit Ornamenten geschmückt. Im Tapetenzimmer kann man sich trauen lassen.

Das Tuchscheren, Aufrauen mit Distelkarden und Weben wird am **Tuchmacherbrunnen** am Markt dargestellt. An die Textilherstellung erinnern auch noch die Terrassen aus Schiefer und Grauwacke auf dem Rahmenberg: Nach dem Ausbessern (Noppen) und Walken wurden die Stoffe gewaschen. Zum Trocknen musste man sie auseinanderziehen und auf Rahmen spannen. Der **Rahmenberg** ist als Boden- und Technikdenkmal geschützt. Auf Monschaus Wunschliste steht ein Tuchmuseum, das auch die sozialen Hintergründe der Tuchindustrie in Monschau beleuchtet.

Die wohlhabenden protestantischen Tuchfabrikanten ließen sich 1787 eine eigene Kirche errichten, zu der eine kleine Brücke über die Rur führt. Die ge-

INDUSTRIEKULTUR UND HOHE HECKEN

MONSCHAU

schwungene barocke Turmhaube von 1684 ist gut hundert Jahre älter als die übrige Kirche. Sie gehörte samt Laterne, Stange und Schwan – einem Symbol für Martin Luther – zuvor zur Friedenskirche in Mülheim und wurde nach deren Zerstörung durch Hochwasser nach Monschau gebracht. Die drei Glocken stammen aus Malmedy.

Die katholische Kirche **St. Mariä Geburt** (Eschbachstr.) ließen Mitte des 17. Jahrhunderts Prämonstratenser aus dem Kloster Reichenstein errichten. Nachdem die Tuchherstellung Wohlstand ins Rurtal gebracht hatte, statteten die Monschauer Katholiken sie reich im Stil des Barock und Rokoko aus. Teile der Ausstattung kamen aus den Klöstern Mariawald und Reichenstein. Kostbar sind auch die Fenster der kleinen Kirche. 1725 bis 1750 ließen Minoriten eine Kirche an das kurz zuvor errichtete Aukloster anbauen. Die barocke und später gotische Ausstattung der heutigen katholische Pfarrkirche **St. Mariä Empfängnis** ging leider verloren.

Die **Burg** hoch über der Stadt, die 1217 zuerst erwähnt wurde, kann besichtigt werden. Dort residieren seit 1929 Gäste der Jugendherberge. 1971 verhüllte der New Yorker Aktionskünstler Christo die Burg und den Hallerturm auf dem gegenüberliegenden Bergrücken. Die Schlosskapelle wurde 1983 wieder hergestellt. Seit 2000 ist die Burg im Sommer Schauplatz für die Open Air Klassik Festspiele *(Auskünfte erteilen Monschau Touristik, s. S. 139, und www.monschau-klassik.de)*. Von der Burg genießt man einen Panoramablick ins Rurtal.

Nahe dem Aukloster zieht das **Kunst- und Kulturzentrum** des Kreises Aachen (KuK) Künstler und Interessierte an. Es ist das erste kulturelle Gründerzentrum in Nordrhein-Westfalen. In Ateliergemeinschaften konzipieren Künstler hier gemeinsame Projekte und suchen den Weg in die ökonomische Unabhängigkeit. Passenderweise wurde für ihr Domizil das 150-jährige ehemalige Finanzamt gewählt. Gäste sind in den zwölf offenen Ateliers und bei Ausstellungen gern gesehen

Oben: Das Kunst- und Kulturzentrum Aukloster

Unten: Der Marktplatz lädt zu einer Pause ein.

Oben: In Monschauer Dütchen passen Sahne, Eis oder Früchte.

Unten: Monschau mit Burg im Hintergrund

(Austr. 9, Tel.: 0 24 72/80 31 94, www.kuk-monschau.de, Öffnungszeiten: Di–Fr 11–17 Uhr, Sa/So 14–17 Uhr).

Im übrigen Ortsbild belebt altes Gewerbe die Szenerie. 150 Jahre Braukunst mit bestem Eifelwasser lassen sich im **Felsenquell-Brauerei-Museum** nachvollziehen. Attraktion ist der Felsenkeller, der 1830 ins Schiefergestein gesprengt wurde. Geräte und Maschinen ab der Mitte des 19. Jahrhunderts vermitteln einen Eindruck, wie süffiger Gerstensaft hergestellt wird. Krüge und Gläser lassen dagegen eher auf die Trinkkultur der Konsumenten schließen. Sudhaus, Gärkeller, Lager sowie Fass- und Flaschenabfüllerei können besichtigt werden. Hopfenstübchen und Biergarten laden zu Kostproben ein *(St. Vither Str. 22–28, Tel.: 0 24 72/22 17, Öffnungszeiten: Di–So 11–22 Uhr, zwischen Weihnachts- und Osterferien Fr–So 11–22 Uhr).*

Die Tradition der **Caffee-Rösterei Maassen** reicht bis ins Jahr 1862 zurück. Die Brüder Peter und Werner Maassen rösten hier noch Kaffeebohnen von Hand, was einen verführerischen Kaffeeduft erzeugt *(Stadtstr. 24, Tel.: 0 24 72/803 58 80, Öffnungszeiten: Di–So 11–18 Uhr, Führung nach Vereinbarung).*

Rund 3.000 Ausstellungsstücke hat der Sammler Wolfgang Geisel für sein **Eifeler Photographica & Filmmuseum** zusammengetragen. Zu den Highlights zählt eine Hochgeschwindigkeitskamera der NASA, die bis zu 40.000 Aufnahmen pro Sekunde schafft *(Laufenstr. 40, Tel.: 0 24 72/35 90, Öffnungszeiten: April bis Oktober täglich 10–18 Uhr, November bis März Mi Ruhetag, Führung nach Vereinbarung).*

Die über 100 Jahre alte **historische Senfmühle** ist noch täglich im Einsatz. Ein roter Holzbottich und zwei Mahlwerke mit schweren Basalt-Mühlsteinen sind das Herz der Anlage. Breite Lederbänder treiben die Wellen an. Die Transmission funktioniert heute elektrisch, in den Grün-

INDUSTRIEKULTUR UND HOHE HECKEN

derjahren der Senfmühle nutzte man Wasser- und Dampfkraft. Gründer der Senfmühle war Clemes August Breuer, der eigentlich Schlosser war, aber schon 1882 mit einem Hundekarren umher zog und Senf verkaufte. In der alten Mühle wird ein schonendes Kalt-Nass-Verfahren angewendet, und die Mühlsteine laufen langsam. Dadurch bleibt die Würze der natürlichen Zutaten erhalten. Im täglich geöffneten Verkaufsraum kann man Senfprodukte in allen Variationen erwerben, unter anderem sogar Senf-Pralinen *(Laufenstr. 116–124, Tel.: 0 24 72/22 45, www.senfmuehle.de, Führungen: März bis Oktober Mi 11 und 14 Uhr, Gruppenführung nach Vereinbarung).*

Im **Monschauer Handwerkermarkt** in einer ehemaligen Textilhalle am Rande der Altstadt stellen Krippenbauer, Töpfer, Maler und andere ihre Produkte aus. Dazu wurde ein Dorfplatz mit plätscherndem Bach, Lokalen, kleinen Läden und Weinhandlung nachgestellt. Beim Bäcker kann man zuschauen, wie Brot in den Ofen geschoben wird. Alte NSU-Motorräder, ein Monschauer Heimatstübchen wie vor 100 Jahren und eine Ausstellung über die berühmte Venn-Bahn gehören dazu. Gleich nebenan bietet die **Römische Glashütte** Einblick in die 2.000 Jahre alte Kunst der Glasherstellung. Man kann Glasbläsern zuschauen und einen Blick in den Ofen werfen, in dem bei 1.200 Grad die Zutaten für die Glasherstellung vorbereitet werden *(Burgau 15, Tel.: 0 24 72/99 01 15, Öffnungszeiten: täglich 10–18 Uhr).*

Zur Senfmühle gehört ein Laden mit Senf-Pralinen und anderen Leckereien.

Informationen: Im Sommer kann man bei **Stadtführungen** den Spuren der Tuchmacher folgen *(Start: Sa 17 Uhr, So 14 Uhr am Gerberplatz, Tickets: Monschau Touristik, s. S. 139).*

Eine kleine **Stadtbahn** kurvt ab Markt und ab Busparkplatz Burgau in 30 Minuten zu den wichtigsten Sehenswürdigkeiten, einschließlich der Burg *(Auskunft, Tel.: 0 24 72/80 00 10).*

Ende März/Anfang April treffen sich Kanu-Sportler bei der Monschauer **Wildwasserwoche**. Die Rennstrecke führt mitten durch die Altstadt. Für die Rennen wird verstärkt Wasser aus der Perlenbachtalsperre in die Rur abgelassen.

Oben: Seltenes Rieddach in Höfen

Interessante Orte rundum

Höfen

Naturdenkmälern, die in dieser Form in Europa einmalig sind, kommt man in Höfen nahe: den **Windschutzhecken**. Sie umschließen die Wohnhäuser als Schutz und Zier. Ihre sorgfältige Pflege verlangt Aufwand: Die Hecken werden nicht nur regelmäßig geschnitten, sondern auch geflochten. Manche Hecken sind ein paar hundert Jahre alt. Feld- und Hausbuchenhecken überwiegen, es gibt aber auch Hecken aus Ahorn oder Weißdorn. Die pittoresken Buchenhecken haben der Gegend auch den Namen „**Monschauer Heckenland**" gegeben. Schönheit und ökologischen Nutzen der Hecken kann man auf dem **Heckenweg** erleben, der am **Nationalpark-Tor** beginnt und unter anderem auch zum Eifel-Blick „Heckenland" führt.

Unten: Haus Seebend informiert über Hecken und Narzissen.

Höfen besitzt aber auch andere wertvolle Lebensräume in der Natur wie beispielsweise **Narzissenwiesen** im Naturschutzgebiet Perlenbach-Fuhrtsbachtal (s. S. 99, Oleftal). Das Nationalpark-Tor (s. S. 23) ist dem Thema Waldentwicklung gewidmet. Im **Naturhaus Seebend** kann man die Ausstellung „Buchenhecken und Narzissentäler" anschauen. Das Natur-

INTERESSANTE ORTE RUNDUM

MONSCHAU

Oben: Heckenpflege ist mühsam.

haus Seebend ist Sitz des Eifel- und Heimatvereins Höfen. Dort starten auch geführte Wanderungen *(Hauptstr. 123, Tel.: 0 24 72/91 28 86, www.eifelverein-hoefen.de, Öffnungszeiten: Sa/So 10–12 Uhr und 14–16 Uhr).*

Ein **Webereimuseum** soll als Neubau mit dem Haus Seebend verbunden werden. Es wird die Tradition der Tuchherstellung von der Heimarbeit zur industriellen Fertigung darstellen und damit zur Station an der Wollroute werden, die Aachen, Eupen, Euskirchen, Monschau, Vaals und Verviers verbindet *(Auskunft: Naturhaus Seebend, Tel.: 0 24 72/91 28 86).*

Imgenbroich

Das wirtschaftliche Herz Monschaus schlägt im Gewerbegebiet Imgenbroich. Im Handwerker-Innovationszentrum Monschau (HIMO) hilft die Stadt dem Nachwuchs beim Einstieg in die Selbstständigkeit. Auf rund 7.000 Quadratmetern Fläche finden Existenzgründer 19 Werkhallen und 19 Büros zu günstigen Mieten und ausgestattet mit regenerativer Energie. Dazu gibt es Seminar- und Besprechungsräume, Telefon-, Sekretariats- und Hausmeisterservice sowie ein Restaurant mit Skulpturengarten und Sonnenterrasse. Das 2002 eröffnete **Druckerei Museum Weiss** vermittelt einen Einblick in die Geschichte des Buch-

Unten: Am Setzkasten im Druckerei Museum Weiss

Oben: Das Rondell des Druckereimuseums

und Zeitungsdrucks von der Zeit Gutenbergs vor gut 550 Jahren bis heute. Dabei werden zugleich technische und kulturelle Aspekte dargestellt. Noch weiter in die Vergangenheit reicht die Darstellung über die Entwicklung der Schrift: Sie beginnt bei den Höhlenmalereien *(Am Handwerkerzentrum 16, Tel.: 0 24 72/982-982, www.druckereimuseum-weiss.de, Öffnungszeiten: So 13–16 Uhr, 14 Uhr kostenlose Führung, Gruppenführung auf Anfrage an allen Tagen möglich).*

Kalterherberg

Die Kachelmann-Wetterstation bringt Kalterherberg regelmäßig überregional ins Gespräch. Tatsächlich sinken die Temperaturen im Ort an der belgischen Grenze besonders tief. Für den nur 2.500 Einwohner großen Ort wirkt die doppeltürmige Pfarrkirche, der weithin sichtbare „Eifeldom", gewaltig. Ein beliebter Ausflug führt von Kalterherberg aus zum **Kreuz im Venn**. Es steht auf belgischem Gebiet auf der Richelsley, einem rund 80 Meter langen Fels. Gerhard Josef Arnoldy, Pastor von Kalterherberg und Bauherr des Eifeldoms, ließ es 1890 zu Ehren des Reichensteiner Abtes Stephan Horrichem errichten. Horrichem half Verfolgten während des Dreißigjährigen Krieges. Das Kreuz aus Eisen ist sechs Meter hoch und 1.338 Kilo schwer. 30 Stufen führen hinauf. Überregional bekannt wurde es durch Clara Viebigs Roman „Das Kreuz im Venn". Unterhalb des Kreuzes erbauten 1894 Bürger aus Kalterherberg zu Ehren Arnoldys eine

Unten: Blick ins Hatzevenn bei Mützenich

INTERESSANTE ORTE RUNDUM

MONSCHAU

Lourdesgrotte mit Marienstatue. Dorthin pilgern Gläubige am 01. Mai. **Information:** Wandertipps rund um Kalterherberg sind unter *www.kalter-herberg-im-netz.de* zu finden.

Kloster Reichenstein

Eine bewegte Geschichte hat Kloster Reichenstein. Vom Kloster Steinfeld bei Kall aus wurde dort 1205 von Prämonstratensern ein Nonnenkloster mit Gut gegründet. Es beherbergte Reisende auf dem Weg von Aachen nach Trier. Später übernahmen Mönche das Kloster. Berühmtester Prior war von 1639 bis 1686 Stephan Horrichem, „Apostel des Venns" genannt. 1802 wurde das Kloster säkularisiert. Das Prioratsgebäude aus dem Jahr 1687 blieb erhalten. Auch ein Wirtschaftsgebäude und die 1693 geweihte Klosterkapelle bestehen noch. Mönche der traditionalistischen französischen Pius-Bruderschaft um den exkommunizierten Bischof Lefebvre wollen in Reichenstein wieder ein Kloster einrichten.

Konzen

Als älteste Siedlung des Monschauer Landes gilt Konzen. Der Ort wurde schon 888 als Königshof erwähnt und war jahrhundertelang Verwaltungssitz. Von hier aus wurde Monschau gegründet. Konzen liegt im Quellgebiet von Kall, Laufenbach und Belgenbach und war früher Station der Vennbahn. Die ursprünglich gotische Pfarrkirche **St. Peter und Pankratius** wurde nach dem Zweiten Weltkrieg wieder aufgebaut. Sie beherbergt ein Taufbecken aus dem 12. Jahrhundert sowie wertvolle Barock- und Renaissancefiguren. Im Turm finden sich noch Reste einer romanischen Basilika von 1160. Noch älter ist die **Pankratiuskapelle** auf dem Friedhof, die vermutlich aus karolingischer Zeit stammt und als älteste Kirche der Region auch „Mutterkirche des Monschauer Landes" genannt wird.

Mützenich

Von Mutiniacum wird Mützenich hergeleitet. Man vermutet, dass es auf keltischen Ursprüngen dort eine römische Siedlung gab. Ein großer flacher

Mit Schiefer verkleidet ist die Kirche St. Bartholomäus in Monschau-Mützenich.

Interessante Orte rundum

Quarzit-Stein am Ortsrand wird **Kaiser Karls Bettstatt** genannt. Karl der Große soll sich bei einem Jagdausflug im Venn im Nebel verirrt und auf dem fünf mal zwei Meter großen Steinblock ausgeruht haben. Ein Erntedankzug zieht im Oktober zahlreiche Gäste in den Ort. Von Mützenich führen Wege ins Moor des Hohen Venns, und im Winter fährt ein Pferdeschlitten ins Venn.

Karl der Große soll sich auf diesem Stein von der Jagd ausgeruht haben.

Rohren

Schlicht von einer „Rodung" abgeleitet wurde der Name Rohren. Es ist Zentrum des Alpin-Ski-Betriebs mit Liften, vier Pisten und einer Waldabfahrt. Hinzu kommt ein rund 200 Kilometer langes Loipen-Netz. Neben einer Rodelbahn sind auch Skischule und Skiverleih im Angebot *(Schneelage unter Tel.: 0 24 72/41 72, www.winterzentrum.de)*. Im Sommer bietet die Bobbahn Spaß und Spiel. Sie hat 751 Meter rasante Abfahrt und 500 Meter beschauliche Rückfahrt zu bieten. Zur Freizeitanlage gehören Kinderspielplatz, Gastronomie und Grillhütte *(Rödchenstr. 37, Tel.: 0 24 72/41 72, www.sommerbobbahn.de, Öffnungszeiten: 01. April bis 01. November täglich 10–18 Uhr)*. 500 Meter von der Talstation entfernt liegt die historische Kluckbachtaler Sägemühle. Dort werden mit Wasserkraft dicke Baumstämme zersägt *(Auskunft, Tel.: 0 24 72/70 35)*.

Rapsfelder leuchten im Frühjahr auf den Höhen der Gemeinde Nettersheim.

NETTERSHEIM
Einwohner: ca. 8.000
Fläche: 94 km², davon fast die Hälfte Wald
Orte: Bouderath, Buir, Engelgau, Frohngau, Holzmülheim, Marmagen, Nettersheim, Pesch, Roderath, Tondorf und Zingsheim
Kontakt: Gemeinde Nettersheim, Krausstr. 2, 53947 Nettersheim, Tel.: 0 24 86/780
Naturzentrum Eifel (mit Tourist-Info), Römerplatz 8–10, Tel.: 0 24 86/12 46, www.nettersheim.de

Nettersheim

Wo die Natur spannende Geschichten erzählt

Das Naturerlebnisdorf Nettersheim ist klein, aber oho. 1991 und 1993 erhielt der Ort den ehrenvollen Titel „Bundeshauptstadt für Natur- und Umweltschutz", und 1998 belegte er Platz zwei dicht hinter Hamm, aber vor Freiburg und München. Die Natur, aber auch Zeugen der Geschichte und Bodendenkmäler lassen das sympathisch-ländliche Zentrum mit sanftem Tourismus eine Reise wert sein. Seit den 1970er Jahren wurde in Nettersheim durch weitsichtiges kommunalpolitisches Engagement ein beispielhaftes Konzept dafür erarbeitet, wie eine Kommune auch bei geringem Budget Werte in Ökologie und Denkmalschutz schaffen kann. Um zeitgemäß Natur- und Umweltschutz betreiben zu können, kaufte die Gemeinde systematisch geologisch, archäologisch und ökologisch wertvolle Flächen und verpachtete sie zu einem geringen Zins an Landwirte. Diese müssen als Gegenleistung landschaftspflegerische

Zwei Medusenhäupter schützen die Quellfassung „Grüner Pütz" im Urfttal.

Maßnahmen durchführen. Bereits 1998 stellte die Gemeinde gemäß den Vorschlägen der Vereinten Nationen eine lokale Agenda 21 auf.

Um aufzuarbeiten, was Nettersheim an Schätzen beherbergt, wurden junge Wissenschaftler engagiert und aus Mitteln für Arbeitsbeschaffungsmaßnahmen bezahlt. Sie richteten zunächst Lehrpfade und Informationszentren ein, um das Bewusstsein für Natur- und Landschaftsschutz in der Bevölkerung zu entwickeln. Biotopmanagement und Renaturierungsprogramme, wissenschaftliche Überwachung von sensiblen Bereichen, Zusammenarbeit mit Universitäten und Fachbehörden sowie eine ökologische Dorfentwicklungsplanung kennzeichneten bald die Aktivitäten der Gemeinde, deren Bürger beispielhaft mitzogen. Ausstellungen, Forschungseinrichtungen und Kommunikationszentren wurden in leer stehenden denkmalwerten Gebäuden untergebracht. Mehr als 80 Vereine sprechen für ein reges kommunales Engagement. Mit dem Beginn des Römerkanals im Urfttal am **Grünen Pütz** besitzt Nettersheim ein Denkmal erster Klasse.

Die auf einer Anhöhe bei Nettersheim liegende mystische **Matronen-Kultstätte** Görresburg geht auf vorrömische Zeiten zurück. Die Weihesteine zeigen drei Frauengestalten mit typischen Hauben: Die Matronen galten als Schutz- und Fruchtbarkeitsgottheiten. Auch heute noch werden ihnen Blumen und Früchte als kleine Gaben gebracht, und gelegentlich treffen sich dort esoterisch Gesonnene. Weitere Matronen-Kultstätten sind der „Heidentempel" zwischen Pesch und Nöthen (s. S. 49) sowie in Zingsheim die Tempelanlage „Vor Hirschberg" am Rande des Gewerbegebietes.

Im **Naturzentrum Eifel** am Ufer der Urft beginnen alle Streifzüge in die Umgebung, und auch die Tourist-Info ist hier untergebracht. Im 4.000 Liter fassenden **Meerwasser-Aquarium** im Foyer entfalten Fische und 80 verschiedene Korallen ihre Farbenpracht. Das Aquarium beherbergt als eines der wenigen in Deutschland Korallen, die noch leben. Die Unterwasserlandschaft macht anschaulich, dass die Eifel vor 380 Millionen Jahren von einem tropischen Meer bedeckt war. Von den Korallenriffen

NETTERSHEIM

DIE TEUFELSADER

Oben: Am Römerkanal-Weg

Der Sage nach soll beim Bau des Römerkanals der Teufel seine Hand im Spiel gehabt haben, weshalb man die lange Trinkwasserleitung von Nettersheim bis nach Köln auch „Teufelsader" nannte. Auf jeden Fall zählt das Bauwerk aus dem 1. Jahrhundert n. Chr. zu den Meisterleistungen früher Ingenieurkunst. Die Leitung führte von der Quellfassung Grüner Pütz mit einem geringen Gefälle von stellenweise nur 0,5 Promille über 95,4 Kilometer in die damalige Hauptstadt Niedergermaniens. Dabei musste auch noch die Wasserscheide zwischen Maas und Rhein überwunden werden.

Täglich strömten 20 Millionen Liter frisches Eifelwasser durch das aus Grauwacke gemauerte Kanalgewölbe, das 50 Zentimeter breit und 90 Zentimeter hoch war. Aus den Sinterschichten, die das kalkhaltige Wasser am Boden und an den Kanalwangen absetzte, ließ sich eine ununterbrochene Nutzungszeit von rund 190 Jahren errechnen. Erst 270 bis 280 n. Chr. wurde die Wasserleitung bei Angriffen der Franken auf das Rheinland zerstört. Das Bauwerk verfiel und wurde bis ins 13. Jahrhundert als Steinbruch genutzt. Die Kalksinter waren besonders begehrt: Geschliffen und poliert wirkten sie wie Marmor, und man stellte Säulen und Altarplatten daraus her, unter anderem für das Kloster Steinfeld oder für Kirchen in Köln und Maria Laach. Im Verlauf des Kanals gibt es technische Sehenswürdigkeiten, wie die römische Brunnenstube in Mechernich-Kallmuth oder den Aquädukt in Mechernich-Vussem. Heute beginnt am Grünen Pütz der Römerkanal-Wanderweg nach Köln.

Unten: 90 Zentimeter hoch ist die Grauwacke-Wasserleitung.

Oben: Matronensteine auf der Görresburg

Unten: Tropenfische vor lebenden Korallen im Naturzentrum Eifel

zeugen Fossilien in der Umgebung. Unter Anleitung von Fachleuten aus dem Naturzentrum kann man sie suchen und präparieren.

Neben Fischen und Korallen werden im Naturzentrum typische **Lebensräume der Eifel** dargestellt. Da zwitschert in der Vogeluhr auf Knopfdruck das Rotkehlchen, und man hört, dass es exakt 58 Minuten vor Sonnenaufgang damit beginnt, während der Haussperling noch 55 Minuten ruhig bleibt. Man erfährt, dass ausgerechnet Kalkmagerrasen die schönsten Blüten hervorbringt. Unter anderem wachsen 18 Orchideen- und vier Enzianarten rund um Nettersheim. In der **archäologischen Ausstellung** geht man auf eine Zeitreise durch die Geschichte, von den Neandertalern über die Römer bis zu den Franken. Ausgrabungen zeigen, wer in der Eifel seine Spuren gezogen hat. Besonders eifrig waren die Römer: Sie hinterließen unter anderem Werkhäuser und Kalkbrennöfen sowie die villa rustica als Beispiel für römisches Landleben. Die Quellfassung „Grüner Pütz" markiert den Beginn des legendären Römerkanals (s. S. 153).

Zum Naturzentrum gehört das **Haus der Fossilien** in einer alten Schmiede (Bahnhofstr. 20). An jedem dritten Sonntag im Monat werden von dort geologische Wanderungen mit Fossiliensuche unternommen. Im Fossilienlabor werden die Funde bearbeitet. Besucher können aber auch die Ausstellung „400 Millionen Jahre Wald" bestaunen und einem Franken ins Grab schauen. Fränkische Gräberfelder mit teilweise kostbaren Grabbeigaben wurden in Nettersheim und Zingsheim gefunden.

Das Naturzentrum veranstaltet das ganze Jahr über lehrreiche und unterhaltsame Programme und Exkursionen für Familien mit Themen wie „Neandertaler und Höhlenbär", „Haustier Honigbiene" oder „Das Leben im Bach". Fossilien auszugraben, zu bestimmen und mit nach Hause zu

NETTERSHEIM

nehmen, ist einer der Hits im Angebot. Es ist genug da, damit jeder etwas findet: Anmeldung zwei bis drei Tage vorher *(Tel.: 0 24 86/12 46, www.nettersheim.de und www.naturerlebnisprogramm.de, Öffnungszeiten: Mo–Fr 9–17 Uhr, Sa/So 10–17 Uhr, 01. Mai bis 31. Oktober bis 18 Uhr).* Der Eintritt ins Naturzentrum inklusive Ausstellungen ist frei. Vor der Tür stehen große Tretroller, die man mieten kann, ebenso wie Fahrräder. Außerdem bietet das Naturzentrum Veranstaltungsräume, eine Cafeteria und einen gut sortierten Museumsshop. Neben dem Naturzentrum steht ein **Bauernhaus** von 1896 mit traditionellen Pflanzen und Färbergarten.

Durch eine private Initiative entstand das **Bauernhof-Museum Feinen** in der rund 150 Jahre alten Heinrich-Sophia-Burg. Um die Wende zum 20. Jahrhundert, als Nettersheim sich noch anspruchsvoll „Bad" nannte, war das Anwesen eine Kuranstalt mit dem Namen Sophien-Ruh. Gekurt wurde mit Wasser und Milch. Bed & Breakfest gab es damals für nur 2 Mark, und wer 60 Pfennig drauf legte, bekam noch ein Essen dazu. Die landwirtschaftlichen Maschinen und Geräte sind teilweise über 100 Jahre alt. Man sieht Traktoren, Pflüge, Heuwender und anderes. Fotos und alte Dokumente geben Einblick in das durchaus nicht immer romantische Leben auf dem Bauernhof in früheren Zeiten *(Heinrich-Sophia-Burg 1, Bahnhofstr. 5, Tel.: 0 24 86/309, Besichtigung auf Anfrage).*

Oben: Heuernte bei Pesch

Unten: Das Frankengrab im Haus der Fossilien

Oben: Holzstege führen sicher durch Moore des Hohen Venns.
Unten: Mit dem Tretroller vor der Wandertafel am Naturzentrum

DER NATURPARK HOHES VENN-EIFEL

*Das Naturzentrum Eifel dient auch als Informationszentrum für Biotop- und Artenschutz im Deutsch-Belgischen Naturpark Hohes Venn-Eifel. Rund 2.500 Quadratkilometer weit umgibt der Naturpark den Nationalpark Eifel mit Wäldern und Heiden, Mooren, Flüssen und Stauseen. Aber nicht allein die Natur steht im Mittelpunkt der Aufmerksamkeit. Aufgabe des Naturparks ist es, die Region weiterzuentwickeln. Das bedeutet: Es werden Einrichtungen geschaffen und gefördert, die auf wirtschaftlichem oder touristischen Gebiet naturverträglich Gewinn versprechen. Dafür arbeiten Biologen und Geologen mit Institutionen des Landes Nordrhein-Westfalen zusammen. Eine Errungenschaft des Naturparks sind die 45 „Eifel-Blicke" mit Panoramatafeln und E-förmigen Eifel-Sitzen, die auf die Nordeifel verteilt sind (s. S. 208). Über alle Veranstaltungen im Bereich des Deutsch-Belgischen Naturparks informieren der Kalender **NaturErleben** und die Broschüre „Eifel barrierefrei" (s. S. 210). Naturpark Hohes Venn-Eifel, Steinfelder Str. 8, 53947 Nettersheim, Tel.: 0 24 86/91 11 17, www.naturpark-hohesvenn-eifel.de.*

WO DIE NATUR SPANNENDE GESCHICHTEN ERZÄHLT

NETTERSHEIM

In den **Hochseilgarten** im Wald wird jeden ersten Sonntag im Monat eingeladen. Die Stationen tragen abenteuerliche Namen wie Flying Fox, Giant Ladder oder Pamper Pole. Bei den Aktionen sind von den Teilnehmern ab zehn Jahre Teamgeist, Selbstüberwindung, Verantwortungsbewusstsein, Geschicklichkeit und Mut gefragt. Anmeldung drei Tage vorher *(Tel.: 0 24 86/ 12 46, individuelle Termine auf Anfrage).*

Nettersheim bietet auch naturnahe Unterkünfte. 200 Betten hat das **Jugendgästehaus** für Schulklassen, Jugend- und Erwachsenengruppen zu bieten. Es besitzt Schwimm- und Sporthalle sowie ein Schwarzlichttheater und ist ganzjährig geöffnet. Auf Wunsch gibt es ein Animationsprogramm. Die über vier Etagen reichenden Wandgemälde zum Thema Natur und Mensch im Treppenhaus entstanden 2001 im Rahmen der Aktion Mural Global. Mit einem behindertengerechten Sanitätsbereich ist der **Jugendzeltplatz** an der Urft ausgestattet. Es gibt Grillgelegenheiten und einen Lagerfeuerplatz. Eine Sportarena mit Sandplatz und ein Amphitheater regen zu Aktionen an. Attraktive Freizeitmöglichkeiten bietet das **Selbstversorgerhaus** an der Urft. Es hat Platz für 40 Personen. Ein von viel Grün umgebener ehemaliger Steinbruch wirkt wie ein beschützender Hafen für **Wohnmobile**. Für 30 Stellplätze ist mit modernem Komfort sowie Liefer- und Brötchenservice gesorgt. Benutzer können im Naturzentrum kostenlos Fahrräder ausleihen *(www.wohnmobilstellplatz.de).*

Informationen: Zu 20 Stationen führt der rund sechs Kilometer lange **Naturerlebnispfad**, der fast alle wichtigen Punkte des Dorfes berührt. Man kann zudem eine Reise in die Baumwipfel unternehmen, sich auf dem Barfußpfad die Füße kitzeln lassen oder auf Korallensuche gehen.

Der beschützende Wohnmobilhafen war früher einmal ein Steinbruch.

Der **Schmetterlingspfad** führt in die Blütenfülle auf den Wiesen an der Urft. Hier gibt es eine seltene Dichte von rund 60 Arten. Am besten zu beobachten sind sie von Juni bis August. Für Wanderer und Radfahrer hat die Gemeinde Nettersheim vier Touren ausgearbeitet. Die Themen lauten: „Geologie und Fossilien", „Archäologie entdecken", „Natur pur" und „Über die Dörfer".

Frohngaus Kirchturm von St. Margareta war vermutlich ursprünglich ein Wehrturm.

Interessante Orte rundum

Bouderath

Schon 1020 wurde Bouderath urkundlich erwähnt. Die Kirche St. Gertrud besitzt noch romanische Ursprünge.

Engelgau

Die Ahekapelle im Genfbachtal steht wahrscheinlich in Engelgau auf römischen Grundmauern. Sie ist dem Eisheiligen St. Servatius geweiht, der Bischof von Tongern war und 384 starb. Um die Wallfahrtskapelle ranken sich zahlreiche Sagen. Sie ist nur am 13. Mai geöffnet. Der Ahebach mündet bei Nettersheim in die Urft.

Frohngau

Schule, Pfarrhaus und Kirche St. Margareta bilden in Frohngau ein Ensemble, das einem Bilderbuch der dörflichen Kultur entnommen sein könnte. Kirchenschiff und spätgotischer Wehrturm wurden mit fossilreichen Kalksteinblöcken aus dem Roderather Marmorbruch errichtet. Zu Karneval treibt der mit Erbsenstroh verkleidete archaische „Ärzebär" den Winter aus.

Holzmülheim

Die Erftquelle macht Holzmülheim bekannt. Die Erft fließt bei Neuss in den Rhein. An den Mäandern des kleinen Flusses arbeiteten früher mehrere Wassermühlen. Wie ein Museum wirkt die Mühle Raths, die in Privatbesitz ist. Die Erft, die sich durch die Wiesen schlängelt, fließt dort unter dem Seitenflügel der Hofanlage aus dem 16. Jahrhundert hindurch. Früher versetzte der abgezweigte Mühlenbach ein Mühlrad in Schwung, seit den 1950er Jahren trieb der Bach eine Turbine an. Der Erftradweg folgt der Erft von der Quelle bis zur Mündung.

Marmagen
In der Antike hieß Marmagen marcomagus vicus. Ein Auszug der römischen Karte „Tabula Peutingeriana" ist am Giebel der alten Schule von 1857 angebracht. Drinnen wurden Bürgerhaus und Tourist-Info eingerichtet. Die Burg, die ursprünglich von einem Wassergraben umgeben war, ist in Privatbesitz. Die Ursprünge der Laurentius-Kirche reichen ins 16. Jahrhundert zurück. Der Innenraum wurde in den 1950er Jahren durch Schüler der Kölner Werkkunstschule gestaltet. Hoch über dem Eingang von St. Laurentius ließ die Pfarrgemeinde Marmagen 1980 eine sinnbildliche Darstellung von zwei Teufeln auf dem Fenstersims anbringen. Seitdem blickt das linke Teufelchen durchs Fenster in die Kirche, in die es nicht hinein darf. In seinem Nacken trägt es eine Maske, die symbolisiert,

Die junge Erft fließt in Holzmülheim unter dem Hof der Mühle Raths hindurch.

INTERESSANTE ORTE RUNDUM

Die Villa Hubertus in Marmagen ist heute Wohn- und Seminarhaus.

dass der Belzebub stets in anderen Gestalten auftritt. Der zweite Teufel blickt hinunter zum Eingang, um die Gläubigen auszulachen, die zur Messe kommen.

Als Wohn- und Seminarhaus wird die von dem Sägewerkbesitzer Carl Milz 1917 erbaute Villa Hubertus genutzt. Aus dem 18. Jahrhundert stammt der Steinfelder Hof, der 1901 zum Ausflugslokal wurde. Der Name erinnert daran, dass die Anlage früher zum Kloster Steinfeld gehörte.

Am Ortsrand von Marmagen steht die **Eifelhöhen-Klinik**, die seit 1975 Rehabilitationsmaßnahmen anbietet. Dort finden auch regelmäßig kulturelle Veranstaltungen, Vorträge und Ausstellungen für die Öffentlichkeit statt *(Auskunft, Tel.: 0 24 86/71-0)*. Ein Aussichtsturm in der Nähe bietet einen Panoramablick bis zum Kloster Steinfeld. Menschen mit Behinderung können von der Klinik aus einen barrierefreien Landschaftspfad mit Hochbeeten, Klangobjekten, Skulpturen und römischen Denkmälern nutzen. Am Fuß des Mertesberges kann man im Dolomitgestein in zwei Kammern der Fuchshöhle schlüpfen *(Auskünfte erteilt der Kur- und Verkehrsverein Marmagen, Kölner Str. 42, 53947 Nettersheim-Marmagen, Tel.: 0 24 86/85 52 oder 91 16 49, www.marmagen-eifel.de).*

EIFELER WURZELN DES EIFFELTURMS

Marmagen hat auch eine Verbindung zur neuen Welt: Die Vorfahren des 1832 in Dijon geborenen Gustave Eiffel stammen aus Marmagen. Eiffel konstruierte den Pariser Eiffelturm und die tragende Konstruktion für die Freiheitsstatue in New York. Seine Vorfahren hießen Bönickhausen und wanderten um 1710 nach Frankreich aus. Dort nannten sie sich – weil es leichter auszusprechen war – „Eiffel", nach der damaligen Schreibweise mit Doppel-F. Auf dem Eiffelplatz in Marmagen erinnert eine Bronzetafel an die prominenten Auswanderer.

Oben: Auf Bergfahrt oberhalb von Pesch

Pesch

Das Künstlerdorf in der Gemeinde Nettersheim ist Pesch. Die Künstler, die sich hier angesiedelt haben, besitzen einen prominenten Vorgänger: Der Maler Otto Pankok und seine Frau, die Journalistin und Verlegerin Hulda Pankok, lebten hier von 1941 bis 1946 nach einem Berufsverbot durch die Nazis und boten anderen Verfolgten Quartier. Auch der Schriftsteller Jakob Kneip zog sich 1941 nach Pesch zurück und blieb bis zu seinem Tod 1958.

Roderath

Die Grundmauern einer villa rustica weisen an einem rechts von der Landstraße von Roderath nach Engelgau abzweigenden Wirtschaftsweg darauf hin, dass schon die Römer hier Landbau betrieben. Das römische Bauernhaus war 19 Meter lang und 7,50 Meter breit. Auch eine Wasserleitung, die aus dem Wald zum Hof verlief, wurde 1989 gefunden. Mit Kalkstein aus dem Roderather Marmorbruch wurden zahlreiche Häuser in der Umgebung gebaut. Heute ist Roderath bekannt für seine Reitbahn für Islandpferde. Dort wurden bereits Deutsche und Europa-Meisterschaften ausgetragen.

Unten: Bronzetafel für Gustave Eiffel in Marmagen

Zingsheim

893 wird Zingsheim im Güterverzeichnis des Klosters Prüm aufgeführt. Reste eines Matronenheiligtums weisen aber darauf hin, dass der Ort schon weit früher bewohnt war. Rund um Zingsheim blühen wie auch im Nachbarort Tondorf im Frühjahr die Bäume auf heckengesäumten Streuobstwiesen. Zingsheim ist Sitz des Rathauses der Gemeinde Nettersheim.

Burg Nideggen steht auf Buntsandsteinfelsen hoch über dem Rurtal.

NIDEGGEN
Einwohner: knapp 11.000
Fläche: 65 km^2, davon über 80 % Wald und Landwirtschaft
Orte: Abenden, Berg-Thuir, Brück, Embken, Muldenau, Nideggen, Rath, Schmidt und Wollersheim
Kontakt: Stadtverwaltung, Zülpicher Str. 1, 52385 Nideggen,
Tel.: 0 24 27/809-0, www.nideggen.de
Rureifel-Tourismus-Zentrale, An der Laag 4, 52396 Heimbach,
Tel.: 0 24 46/805 79 11, www.rureifel-tourismus.de.

Nideggen

Feudales Leben auf roten Felsen

Die Fachwerkhäuser und Gassen im Zentrum von Nideggen bieten ein stimmungsvolles Ambiente für Besucher, die mittelalterliches Flair suchen. Die Stadt liegt auf einem Hügel oberhalb des mittleren Rurtals. Der Luftkurort ist Ausgangspunkt für Wanderungen und Radtouren und besitzt ein ausgedehntes Wander- und Radwegenetz. Die Landschaft rund um Nideggen und Abenden ist teilweise stark zerklüftet und wirkt wildromantisch. Nideggen lebt überwiegend vom Tourismus. Landwirtschaftlich orientiert sind vor allem Embken und Wollersheim, wo unter anderem Braugerste angebaut wird.

Burg Nideggen, die imposante Festung über dem Rurtal, verdankt die Stadt der Rivalität zwischen den Grafen von Jülich und dem Kölner Kurfürsten. Wilhelm II. von Jülich ließ 1177 mit dem Bau des mächtigen Bergfrieds beginnen. 1191 war die Burg vollendet. Sie blieb bis ins 15.

FEUDALES LEBEN AUF ROTEN FELSEN

Jahrhundert hinein Residenz der Grafen von Jülich. Im 13. Jahrhundert schmachteten im Bergfried prominente Gefangene. Um 1214 war es Herzog Ludwig von Bayern. Von Februar bis November 1242 wurde der Kölner Erzbischof Konrad von Hochstaden ins Verlies neben der Burgkapelle gesperrt. Der Kölner Erzbischof Engelbert II. wanderte von 1267 an sogar dreieinhalb Jahre in den Kerker.

Mitte des 14. Jahrhunderts entstand in den Burgmauern einer der bedeutendsten gotischen Saalbauten der Rheinprovinz – 61 Meter lang und 16 Meter breit. Der feudale **Palas** mit seinen großen Fenstern wird in einem Atemzug mit dem Kölner Gürzenich und dem Aachener Krönungssaal genannt. Der Festsaal wurde zwar nicht wieder aufgebaut, doch wenn man durch die Fensteröffnungen in den zum Rurtal noch erhaltenen Mauern blickt, kann man ein wenig das fürstliche Lebensgefühl der Burgbewohner nachempfinden. Begrenzt wurde der Rittersaal von zwei achteckigen Türmen. Der westliche Turm beherbergte den Damenerker, der aus großen Fenstern einen imposanten Ausblick in die Landschaft bot. Der Küchenturm im Osten besaß dagegen nur kleinere Fenster. Im Burggarten wurden damals nicht nur Kräuter gezogen, sondern auch Wein. Das Wasser im Brunnen des Burghofes kam aus einer Felsspalte der Rur in 90 Metern Tiefe. Obwohl die Burg lange Zeit als uneinnehmbar galt, zerstörten französische Truppen sie 1678 fast vollständig. Erdbeben in den Jahren 1755 und 1878 sowie die Bomben des Zweiten Weltkriegs trugen zum weiteren Verfall bei. In den 1950er Jahren begann der Wiederaufbau. Im ehemaligen Wohnhaus der Burg ist heute ein Restaurant untergebracht. Im Sommer ist der Burghof Schauplatz der „Festspiele unter Sternen" *(Auskunft erteilt die Stadtverwaltung, Tel.: 0 24 27/809-0).*

Im Jenseitsturm bietet das Burgenmuseum Einblicke ins Mittelalter.

FEUDALES LEBEN AUF ROTEN FELSEN

Im ehemaligen Wohnhaus der Burg ist heute ein Restaurant eingerichtet.

Burgen erzählen immer zwei Geschichten: die militärische von Unterdrückung und Krieg und die nostalgisch-romantische von der Größe alter Zeiten. Besuchern der Burg Nideggen wird heute im **Burgenmuseum** bei einer effektvollen Schau vorgeführt, was die Gefangenen einst im Verlies erdulden mussten und wie zu jenen Zeiten Recht gesprochen wurde. Wer noch tiefer in die Welt des Mittelalters eintauchen möchte, findet im Museum im Jenseitsturm auf Burg Nideggen Information und Unterhaltung. Man erfährt in der Dauerausstellung, wie die Bewohner von Burgen und Schlössern der Eifel damals lebten und arbeiteten. Multimedia-Präsentationen lassen sogar die Zerstörung der Burg miterleben. In der Kapelle des Museums werden Trauungen vollzogen. Im Besucherinformationszentrum erfährt man Details über Burgenkultur, Workshops und Veranstaltungen sowie Wechselausstellungen auf der Burg. Auch Führungen kann man hier buchen *(Tel.: 0 24 27/63 40, www.burgenmuseum-nideggen.de, Öffnungszeiten: Di–So 10–17 Uhr).*

Nahe der Burg entstand eine Siedlung, die schon 1313 Stadtrechte erhielt. Von der mittelalterlichen Stadtbefestigung aus dem 14. Jahrhundert sind noch drei Tore erhalten: das Nyckstor, das Dürener und das Zülpicher Tor. Burg und Stadtbefestigung wurden im Laufe der Jahrhunderte durch Kriege zerstört. Verschont blieb jedoch das steinerne Marktkreuz aus dem 15. Jahrhundert. Aus dem 17. und 18. Jahrhundert gibt es noch einige Patrizierhäuser.

Auf Ursprünge aus dem frühen 11. Jahrhundert geht die katholische **Pfarrkirche St. Johannes Baptist** zurück. Die dreischiffige Basilika aus rotem Sandstein trägt romanische Züge. Die Wandgemälde, die um 1270 datiert werden, zählen zu den ältesten Fresken Westdeutschlands. Interessant ist auch der Barockgiebel der Marienkapelle vor dem Zülpicher Tor. Im Zweiten Weltkrieg wurde Nideggen bei Bombenangriffen weitgehend zerstört. Teile der Burganlage, Zülpicher und Dürener Tor sowie die Kirche wurden aber nach alten Plänen erneut aufgebaut, sodass das Zentrum Nideggens wieder mittelalterliches Flair ausstrahlt.

FEUDALES LEBEN AUF ROTEN FELSEN

NIDEGGEN

Rund 250 Millionen Jahre alt sind die bis zu 60 Meter hohen **Buntsandsteinfelsen** bei Abenden, Brück, Nideggen und Rath. Uhus, Wanderfalken und Fledermäuse bewohnen Felshöhlen, Mauereidechsen, Schlingnattern und Insekten nutzen Spalten und Leisten. Man findet Ameisenlöwen aus der Insektenfamilie der Netzflügler und Steppengrashüpfer. Pionier- und Trockenrasenformationen sowie trittempfindliche Moos- und Flechtengesellschaften sind ebenfalls als Spezialisten auf die Felsen angewiesen. Wegen der empfindlichen ökologischen Nischen musste der Zugang für Kletterer eingeschränkt werden. Es wurden Reviere gesperrt und stattdessen bestimmte Kletterrouten in verschiedenen Schwierigkeitsgraden ausgewiesen. Übrig blieben drei Bereiche: Über die rund 40 Meter hohe Hirtzley laufen 39 verschiedene Kletterrouten. Zum Klettern freigegeben sind im Gebiet Hirtzley auch die Hinkelsteine 1 bis 4 mit ebenfalls 39 Routen. 137 Routen sind im Gebiet Effels an zwölf Felsen ausgewiesen. Wer klettern möchte, muss vorher ein Ticket erwerben an der Tankstelle im Ort *(Tel.: 0 24 27/13 09, www.stonevibes.de)*. Der Zugang zu den Kletterfelsen ist jeweils auf einen Tag beschränkt. An den Felsen werden Kontrollen durchgeführt.

Aus rotem Sandstein wurde Nideggens Basilika St. Johannes Baptist gebaut.

Am Fachwerkdorf Abenden (oben) zieht die Rur schon als stattlicher Fluss vorbei (unten).

Interessante Orte rundum

Abenden

Kelten und Franken siedelten sich schon in Abenden an. Im Badewald bauten sie Erz ab. Die Conzenstraße erinnert daran, dass dort ursprünglich die Römerstraße von Conzen nach Zülpich verlief. Mit seinen Landgasthäusern wirkt Abenden recht einladend. Bei der Pflege des Brauchtums spielen die Trachtenvereine eine wichtige Rolle. Tänzer und Kapelle treten regelmäßig auf im Erntedankzug Anfang Oktober und bei der Kirmes Anfang November *(www.abenden.de)*.

Berg-Thuir

Archäologen legten Mitte der 1950er Jahre einen römischen Gutshof und Grabanlagen in Berg-Thuir frei. Untersuchungen ergaben, dass im Badewald von 100 bis 400 n. Chr. Erz abgebaut wurde. Auch antike Metallschmelzöfen wurden gefunden. Die Dorfkirche wurde im 16. Jahrhundert aus Drover Sandstein errichtet.

INTERESSANTE ORTE RUNDUM

NIDEGGEN

BIOLOGIE IM BAHNHOF

Der malerisch unter großen alten Bäumen liegende Bahnhof von Nideggen-Brück ist zum verkehrsgünstig an der Linie Düren-Heimbach gelegenen Standort der Biologischen Station des Kreises Düren geworden. Schon vor dem Bahnhof wird man in die wundersame Welt der kleinen Pflanzen und Tiere hineingezogen. An einer nach traditioneller Bautechnik ohne Mörtel angelegten Trockenmauer erfährt man, dass dort beispielsweise der Stinkende Storchschnabel, der Gemeine Tüpfelfarn oder der Salbei-Gamander zu Hause sind. Pelzbiene, Gottesanbeterin und Zwergfledermaus schätzen die Ritzen und Spalten als Verstecke. Begeistern kann man sich an der beinahe paradiesischen Vielfalt, die kaum bemerkt in einer Hecke siedelt. Das Insektenhaus fasziniert und irritiert die Betrachter zugleich, denn nicht alle Wesen, die hier ihre Gänge in Baumstämme bohren, sind in Wald und Garten wirklich gern gesehen. Auch von der „verbissenen Schönheit" der Heide wird berichtet. Primärheiden hatten sich zunächst als Pionierpflanzen auf den Buntsandstein- und Schieferfelsen entlang der Rur angesiedelt. Bis zum Ende des 19. Jahrhunderts prägte die lila blühende Besenheide noch das Tal. Durch die Beweidung mit Rindern und Schafen wurde verhindert, dass Sandbirken, Kiefern oder Brombeeren die Flächen überwucherten.

Oben: Im Insektenhaus lassen sich kleine Bohrer bei der Arbeit beobachten.

Unten: Die Biologische Station belegt mit Büros und Ausstellung den Bahnhof Brück.

Drinnen präsentiert die Biologische Station zwei unterschiedliche Lebensräume: das kühle Wasser der Rur und die warmen Buntsandsteinfelsen. Wer im roten Felsenmodell nicht gleich Tiere entdeckt, kann per Knopfdruck nachhelfen. „Hallo, hier oben bin ich!", ruft dann der Uhu vom Fels herab, und eine Stimme vom Band berichtet aus dem Leben der großen Eule. Die Mitarbeiter der Biologischen Station dokumentieren gefährdete Arten und helfen mit, bedrohte Lebensräume zu schützen. Besuchern bietet die Biologische Station ein breites Angebot an naturkundlichen Exkursionen und Vorträgen an. (Zerkaller Str. 5, 52385 Nideggen, Tel.: 0 24 27/949 87-0, www.biostation-dueren.de, Öffnungszeiten der Ausstellung Rur und Fels: So 11–17 Uhr, Gruppenführungen nach Vereinbarung).

Embken

25 Lehnshöfe machten im ausgehenden Mittelalter Embken zu einem der wohlhabendsten Orte rund um Nideggen. Außerdem ist das Dorf eine Fundstätte für die Archäologie der Römer- und Frankenzeit. Aus der keltisch-römischen Zeit wurde ein Matronenstein gefunden. Schriftliche Zeugnisse weisen darauf hin, dass in Embken auch Weinbau betrieben wurde. Die Kirche St. Agatha stammt aus dem 16. Jahrhundert.

Von der Quelle im Venn bis zur Mündung in Roermond reicht der Rur-Ufer-Radweg.

Muldenau

Nur knapp 200 Einwohner besitzt Muldenau. Der kleine Ort, der schon im Mittelalter gegründet wurde, hat 1919 den Namen gewechselt. Ursprünglich hieß das Dorf nämlich „Pissenheim". Diese anrüchige Bezeichnung wurde 1919 auf Wunsch der Bewohner jedoch abgelegt. Zentrum des Dorfes ist die Kirche St. Barbara. Der spätgotische Turm der Kirche entstand um 1450. Das neugotische Langhaus und die Portaltür stammen von 1866.

Schmidt

480 Meter hoch im Nordwesten der Rureifel liegt Schmidt auf einer Hochebene, die nach Westen ans Hohe Venn (Belgien) grenzt. Der Name Schmidt ist vermutlich abgeleitet von Schmiede. Der Ort war einmal reich an Erzlagern. Von der Verarbeitung zeugt noch ein Hochofen aus

Das Dach von St. Hubertus in Nideggen-Schmidt fängt Sonnenenergie ein.

napoleonischer Zeit. Bis zum Zweiten Weltkrieg rauchten rund um Schmidt noch die Holzkohlemeiler. Die Rurtalsperre mit ihren rund 205 Millionen Kubikmetern Fassungsvermögen ist nur anderthalb Kilometer entfernt, aber rund 170 Meter tiefer gelegen. Gäste lieben die abwechslungsreiche Landschaft rund um Schmidt, mit ihren Höhen und Tiefen, den Bachtälern, dem Wechsel von Wald und Feld und der Nähe zum Wasser. Vom Rastplatz „Schöne Aussicht" genießt man einen tollen Blick über den Rursee mit seinen Segelbooten und Stegen. Vom Anlegeplatz der Rurseeschifffahrt kann man Touren zu anderen Orten am Stausee unternehmen (s. S. 92). Echtes Strandvergnügen bietet das am Rursee gelegene Naturfreibad Eschauel. Hier gibt es ausgedehnte Wiesen und sogar einen kleinen Sandstrand. Die DLRG wacht über das Badevergnügen *(Tel.: 0 24 74/99 82 39)*.

Ein fünf Kilometer langer Wanderweg durchquert den **Wildpark Schmidt.** Auf dem 35 Hektar großen Gelände sind Rotwild, Damwild und Schwarzwild zu Hause. Auch ein paar Mufflons streifen durch die Anlage. Dazu gibt es Enten und Gänse, Ponys, Ziegen und Esel. Auch einige exotische Arten wie zum Beispiel Lamas und Hängebauchschweine wurden angesiedelt *(Tel.: 0 24 74/215, Öffnungszeiten: täglich 9.30–17 Uhr, im Sommer und während der Brunftzeit auch länger)*.

St. Mokka fängt die Sonne ein

Offiziell trägt die Pfarrkirche von Schmidt den Namen St. Hubertus. Im allgemeinen Sprachgebrauch heißt sie jedoch nur „St. Mokka". Diesen Titel erhielt das Gotteshaus, weil die Pfarrangehörigen den Wiederauf-

Interessante Orte rundum

Oben: Selbst auf Hinweisschildern fehlt die Bezeichnung „Sankt Mocca" nicht.

Unten: Römische Ziegel tauchen im Mauerwerk der Alten Kirche in Wollersheim auf.

bau nach dem Zweiten Weltkrieg mit Geld aus dem Kaffeeschmuggel aus Belgien bezahlten. Aber auch in anderer Hinsicht zählt Sparsamkeit: St. Mokka war die erste Kirche in Nordrhein-Westfalen, die mit Holzpellets beheizt wurde. Außerdem liefert eine Fotovoltaikanlage auf dem Dach umweltfreundliche Energie. In der Kirche kann man Souvenirs aus der „Kollektion St. Mokka" erwerben. Sehenswert ist auch die Eifeler Pieta aus dem 14. Jahrhundert. St. Mokka bleibt auch außerhalb der Gottesdienste geöffnet.

Wollersheim

Europäische Geschichte wurde in Wollersheim geschrieben. Auf der Wollersheimer Heide sollen um 496/497 die Franken gegen die Alemannen gekämpft haben. Chlothilde, katholische Ehefrau des heidnischen Frankenkönigs Chlodwig, soll in der Kirche für dessen Sieg gebetet haben. Nach dem Sieg der Franken, berichtet die Legende, habe Chlodwig sich taufen lassen.

Weil eine Umgehungsstraße gebaut wurde, konnte der Ortskern von Wollersheim in den vergangenen Jahren geschmackvoll herausgeputzt werden. Es gibt zwei Kirchen im Dorf. Der fünfgeschossige romanische Turm der Alten Kirche neben dem Stiftshof in der Ortsmitte stammt aus der Mitte des 12. Jahrhunderts. Im Bruchsteinmauerwerk lassen sich noch römische Ziegel nachweisen. Im Inneren des Turmes liegt eine romanische Kapelle. 1241 ging die Kirche in den Besitz des Kölner Stifts Maria im Kapitol über. Als 1904 die neue Kirche geweiht war, wurde die alte Kirche entweiht, das Inventar verschenkt oder verkauft. Sie dient aber noch als Beerdigungskapelle. Der Weg um die alte Kirche ist kunstvoll mit Backsteinen gepflastert. Die neue Heilig-Kreuz-Kirche wurde aus Backsteinen gebaut und besitzt einen wuchtigen, 54 Meter hohen Turm. Auch

NIDEGGEN

sie ist von einer Legende umgeben: Ein reicher Junggeselle habe sein ganzes Vermögen für den Bau zur Verfügung gestellt, und so sei ein Bauwerk entstanden, das etwas zu groß für die kleine Gemeinde ausfiel. Der **Stiftshof** von Wollersheim gehörte im 12. Jahrhundert ebenso wie später die Alte Kirche zum Kölner Kloster Maria im Kapitol. Mittlerweile ist hier das Amt für Rheinische Denkmalpflege eingezogen. Wissenschaftler, Techniker und Archivkräfte bearbeiten Fundstücke aus archäologischen Grabungen im Rheinland. Jeder Fund zählt hier – unabhängig von seinem kommerziellen Wert – als Schatz. Mehr als 95 Prozent aller Fundobjekte sind wirtschaftlich nicht verwertbar, besitzen aber hohe wissenschaftliche Aussagekraft. Oft ist allerdings kriminalistischer Spürsinn gefragt, um aus den Chiffren der Vergangenheit wieder ein Gesamtbild zusammenzustellen. Das Stiftshoffest im Juni ist gleichzeitig Tag der offenen Tür mit buntem Markttreiben, spannenden Einblicken in die Archäologie sowie „Ausgrabungen für Kinder" *(Zehnthofstr. 45, Tel.: 0 24 25/90 39-0, www.bodendenkmalpflege.lvr.de).*

Die wohl älteste **Familienbrauerei** in der Eifel wurde 1791 von Franciscus Cramer gegründet. Heute wächst rund um Wollersheim zwar immer noch Braugerste, aber das Cramer-Bier wird in Köln hergestellt. Das Unternehmen hat mittlerweile auch die ehemalige Brauerei Röhr in Kreuzau übernommen.

Oben: Antike Scherben nehmen rheinische Denkmalpfleger im Stiftshof unter die Lupe.

Unten: Ein Junggeselle stiftete sein Vermögen für die Heilig-Kreuz-Kirche in Wollersheim.

Wasseradern durchziehen die Wälder am Vennrand.

ROETGEN
Einwohner: 8.200
Fläche: 39 km², davon fast 70 % Wald
Orte: Mulartshütte, Roetgen und Rott
Kontakt: Gemeindeverwaltung Roetgen, Hauptstr. 55, 52159 Roetgen
Tel.: 0 24 71/18-0, www.roetgen.de und www.eifel-tipp.de

ROETGEN

Deutsch-belgisches Ambiente

Roetgen zählt sich zu den größten Dörfern Deutschlands. Die Gemeinde auf der Windseite des Hohen Venns besaß schon zur Römerzeit eine verkehrspolitische Bedeutung. Hier kreuzten sich die Wege von Xanten über Aachen nach Trier sowie von Düren über Stolberg nach Eupen und Lüttich. Napoleon begann 1809 damit, die heutige B 258 aus strategischen und wirtschaftlichen Gründen auszubauen. Herausgekommen ist dabei die von Aachen her kilometerweit schnurgerade aufwärts führende „Himmelsleiter". Die Gemeinde ist von großen zusammenhängenden Wäldern umgeben. Statistiker haben herausgefunden, dass sich in Roetgen besonders viele Millionäre angesiedelt haben. Die zahlreichen Restaurants und Hotels am Straßenrand sind ein Indiz dafür, dass man sich entlang einer Ferien- und Naherholungsroute bewegt. Belgisches und deutsches Ambiente mischen sich: Immerhin wurde Roetgen erst nach dem Ersten Weltkrieg Grenzort. Wer am Ortsrand in Richtung Aachen von der Straße abzweigt, wird sich unversehens vor belgischen Supermärkten wiederfinden. Die Lage bescherte dem

DEUTSCH-BELGISCHES AMBIENTE

ROETGEN

kleinen Ort einen Vermerk in den Chroniken: Am 12. September 1944 war Roetgen „die erste deutsche Stadt", die von den Amerikanern eingenommen wurde – zumindest berichtete die „New York Times" das zwei Tage später.
Teile des Gemeindewaldes sind renaturiert worden. Dazu gehörte auch das Entfichten von Venngebieten, in denen man die Trockenlegung rückgängig gemacht hat. 16 Tümpel und Teiche im Roetgener Wald, darun-

ter die Hubertusteiche am Hubertusweg und der Wolfgangsee, sind beliebte Ausflugsziele für Wanderer.
Unmittelbar an der belgischen Grenze liegt hinter Roetgen seit 1890 das alte Landgut **Fringshaus**. Ab hier verläuft die deutsche B 258 in Richtung Monschau durch einen Zipfel von Belgien. Immer noch kann man hier Waren einkaufen, die günstiger als in Deutschland angeboten werden, insbesondere Kaffee und Zigaretten. Aber auch belgische Pralinen und Marmelade sind begehrt.
Der ehemalige Bahnhof der Vennbahn am Ortsausgang Richtung Aachen beherbergt ein Forum für Kunst und Tourismus mit wechselnden Ausstellungen und Veranstaltungen *(Tel.: 0 24 71/13 29 57, www.kulturbahnhof-roetgen.de, Öffnungszeiten: während der Ausstellungen Sa/So 14–16 Uhr und nach Absprache).*

Roetgen ist ein beliebter Wohnplatz im Einzugsbereich von Aachen.

Oben: Angebote an der belgischen Grenze
Unten: Am Schwarzwildpark

Im 5.000 Quadratmeter großen Saunadorf **Roetgen-Therme** liegen sieben Warmluftbäder und sechs Wasserpools. Im Innenbereich sind Eifeler Schwitzhütte, Jungbrunnensauna, „Himalaja Kristallsalz Sauna" und eine Urwaldsauna anzutreffen. Draußen ist der Meerwasserpool mit Unterwassermusik die Attraktion *(Tel.: 0 24 71/ 120 30, www.roetgen-therme.de, Öffnungszeiten: Mo–Sa 12–24 Uhr, So/Feiertage 10– 22 Uhr).*

Eine starke Rotte Sauen zieht im **Schwarzwildpark** durch einen lichten Eichenwald. Unterhalb des Wanderweges entlang des Schleebachgrabens, in der Nähe des Parkplatzes „Im Todt", liegt das rund fünf Hektar große Gehege. Eine Schutzhütte und zahlreiche Ruhebänke laden zur Begegnung mit den „Schwarzkitteln" ein. Entlang des Geheges vermittelt ein Waldlehrpfad Wissenswertes über die heimische Tier- und Pflanzenwelt. Ein besonderes Erlebnis für die kleinen Besucher ist der in das Gehege integrierte Kindergartenwald *(Tel.: 0 24 71/ 20 18, Öffnungszeiten: durchgehend).*

SCHMUGGLERPFADE

Roetgen war nach dem Krieg ein Schmugglernest, von dem aus Schiebertouren nach Belgien führten. Heute sind Schmugglerpfade für Wanderer ausgeschildert. Sie vermitteln etwas von den Abenteuern, die die heimlichen Einkäufer von Kaffee, Zigaretten und Schokolade zu bestehen hatten. Romantische Eindrücke in der Natur gibt der Bleesweg, der ab Roetgen-Schwerzfeld durch deutsch-belgisches Waldgebiet zum Sammelbecken des Weser-Kanals und vorbei an der Birkhahnwiese zurück zum Ausgangspunkt verläuft. Auf dem Hausberg des Ortes Rott, dem Struffelt, liegt ein reizvolles Hochmoor, das als Naturschutzgebiet ausgewiesen ist.

Typisch Mulartshütte: Bruchstein und Fachwerk in harmonischer Verbindung

Interessante Orte rundum

Dreilägerbachtalsperre

Die „Roetgener Mulde" ist Quellgebiet von Dreilägerbach, Schleebach und Roetgenbach. Zur Trinkwasserversorgung des Kreises Aachen wurde 1911 die Dreilägerbachtalsperre angelegt. Die Zuflüsse sind gerade so

Aus wohlhabenden Tuchmacherzeiten stammt das „Alte Jägerhaus".

stark, dass die Talsperre innerhalb eines Jahres mit 3,7 Millionen Kubikmeter gefüllt wird. Am Fuß der Talsperrenmauer wird das Rohwasser aufwändig zu Trinkwasser aufbereitet. Da der Verbrauch im Versorgungsgebiet weitaus größer ist, wurde 1926 ein 6,24 Kilometer langer Stollen in Richtung Kallbach und Keltzerbach bei Simmerath angelegt. Erst 1934 kam es im Rahmen einer Arbeitsbeschaffungsmaßnahme zum Bau der Kalltalsperre in Simmerath-Rollesbroich (s. S. 194), die seitdem zusätzlich Wasser in die Dreilägerbachtalsperre liefert *(Auskunft, Tel.: 0 24 02/10 10)*. Die Staumauer und das Filterwerk können besichtigt werden. Wanderparkplätze gruppieren sich rund um die Talsperre. Wandertafeln laden zu Rundwegen ein, besonders reizvoll ist dabei der südliche Teil der Talsperre.

Mulartshütte

Der Name erinnert daran, dass hier Eisen verhüttet wurde. Die Römer bauten zuerst das Erzvorkommen ab und legten die Grundlage für die Bildung des Dorfes. Die Wasserkraft der Vicht nutzten auch Tuchmacher im 18. und 19. Jahrhundert. Das „Alte Jägerhaus" (Hahner Str. 2) mit seinem barocken zweigeschossigen Fachwerk ist ein Zeugnis der Eifeler Tuchmacherzeit. Ähnlich alt ist in unmittelbarer Nachbarschaft die ehemalige Nagelschmiede am Dorfplatz. Besichtigen kann man hier eine Mineraliensammlung und Dokumente aus der Eisenerzgewinnung *(Tel.: 0 24 71/18 43)*.

Im Herbst entfaltet der Kermeter bei Wolfgarten bunte Farbenpracht.

SCHLEIDEN
Einwohner: 14.090
Fläche: 122 km²
Orte: Berescheid, Broich, Bronsfeld, Dreiborn, Ettelscheid, Gemünd, Kerperscheid, Herhahn, Morsbach, Nierfeld, Oberhausen, Olef, Scheuren, Schleiden, Schöneseiffen, Wintzen und Wolfgarten
Kontakt: Stadtverwaltung Schleiden, 53937 Schleiden, Blankenheimer Str. 2–4, Tel.: 0 24 45/890, www.schleiden.de
Nationalpark-Tor Gemünd, Kurhausstr. 6, 53937 Gemünd, Tel.: 0 24 44/20 11

Schleiden

Im Tal der Eisenhämmer

Wald und Wasser stehen in der vielfältigen Erholungslandschaft Schleidens im Vordergrund. Kulturelle Sehenswürdigkeiten, die ehemalige „Ordensburg" Vogelsang (s. S. 24) und die Spuren der industriellen Geschichte des Schleidener Tals laden zum Besuch ein. Die Hälfte der Fläche des Nationalparks Eifel liegt im Schleidener Stadtgebiet. Dazu gehört der 3.500 Hektar umfassende Staatswald Kermeter, eines der größten zusammenhängenden Buchenwaldgebiete Nordrhein-Westfalens, der sich vom Urfttal bei Gemünd hinauf auf die Höhen erstreckt.
Der Kernort Schleiden, der der Kommune den Namen verleiht, besitzt nur 2.310 Einwohner. Größer ist der benachbarte Kurort Gemünd mit 4.120 Einwohnern, der früher selbstständig war und eine eigene Telefonvorwahl (0 24 44) besitzt. In beiden Orten gibt es Freibäder. Neben dem

IM TAL DER EISENHÄMMER

Hoch über Schleiden erhebt sich die Schlosskirche St. Philippus und Jakobus.

Schleidener Tal bieten die Dörfer auf den Höhen reizvolle Wohnlagen. Die wirtschaftliche Entwicklung Schleidens wurde lange Zeit gehemmt durch die Einrichtung des Truppenübungsplatzes Vogelsang nach dem Zweiten Weltkrieg. Bis zur Eröffnung des Nationalparks im Jahr 2004 und dem endgültigen Abzug des Militärs zum Jahresende 2005 war ein Drittel des Stadtgebietes mit einer Sperrzone belegt. Dazu gehörte auch die von den Nationalsozialisten 1936 gebaute Schulungsstätte Vogelsang (s. S. 24).

Frühe Spuren in der Geschichte hinterließen die Römer, die mit ihrer Straße von Köln nach Reims in Gemünd die Urft überquerten. Durch den späteren Höhenort Dreiborn verlief die Trasse weiter nach Süden. Im Mittelalter bauten sich die Herren von Schleiden eine Burg mit doppelter Ringmauer auf der Anhöhe über der Olef. „Schleide" bedeutete Abhang, daher leitet sich der Name des späteren Ortes Schleiden ab. Zum ersten Mal wird die Burg 1198 als „Castrum Sleyda" erwähnt. Sie wurde später zum Schloss umgestaltet. Mittlerweile ist der größte Teil des Schlosses zur Seniorenresidenz geworden. Besucher fühlen sich unter den Gewölbedecken im Schlossrestaurant wohl.

Die Ausbeutung und Verhüttung der im Schleidener Tal vorkommenden Eisenerze mithilfe von Holzkohle förderten ab 1450 die Grafen von Manderscheid. Das Eisen wurde nach einem Verfahren hergestellt, das unter der Bezeichnung „Schleidener Talsarbeit" auf dem deutschen Markt begehrt war. In der napoleonischen Zeit erreichte das Schleidener Tal seine Blüte. Erst als Dampfmaschinen in den Fabriken eingesetzt wurden, begann der Niedergang von einmal 50 Hüttenwerken in der Eifel. Ab 1860 siedelten die Hüttenbetreiber mit ihren Arbeitern und deren Familien zur Steinkohle ins Ruhrgebiet um. Nachfolgebetriebe stellten Nägel und Eisenbahnzubehör her. Treu geblieben sind dem Oleftal bis heute die Papier- und Pappenfabriken in Olef, Nierfeld und Gemünd. Nur zeitweise gab es in Gemünd auch eine Tuchfabrik.

IM TAL DER EISENHÄMMER

SCHLEIDEN

AUF EISEN-PFADEN

Zu den Spuren der fast 500-jährigen Verhüttung von Eisenerz führen ab Gemünd zwei Wege. Am Nationalpark-Tor startet der 2,5 Kilometer lange **Eisen-Wanderweg**. Acht Stationen weisen in Gemünd mit Metalltafeln und Tastmodellen auf ehemalige Hüttenstandorte hin. Der Weg endet in Mauel an einem ehemaligen Schacht, aus dem bis zu 20 Meter tief Erzgestein abgebaut wurde.

Der **Eisen-Radweg** vom Eifel-Ardennen-Parkplatz führt über 13 Kilometer bis Hellenthal. Die acht Stationen im Schleidener Tal sind mit Eisenstäben markiert, die eine Nummer tragen, zu der im kostenlosen Weg-Flyer Informationen stehen. Hütten standen in Olef, Schleiden und Oberhausen. Nächste Station ist Müllershammer vor Blumenthal, wo die Hüttennachfolger bis 1990 eine Drahtzieherei betrieben. In Hellenthals historischen Ortsteil Kirschseiffen ist der früheren Hütte der Großbetrieb Schoeller gefolgt. An der Grenzlandhalle Hellenthal endet der Eisenweg, wo im Jahr 1438 eines der ersten Hüttenwerke im Schleidener Tal, die „Snorgenshütte zu Hellendaill", ihre Arbeit aufnahm.

Wander- und Radwege führen zu den Spuren der Eisenverhüttung im Schleidener Tal.

Eifel-Blick vom Ruppenberg auf Schloss und Schlosskirche von Schleiden

Schleiden ist trotz starker Kriegszerstörungen nicht arm an Denkmälern. Bauernhöfe und Bürgerhäuser, malerische Marktplätze in Olef und Oberhausen, alte Kirchen, die Burg Dreiborn und das Schloss Schleiden verleihen der Stadt ihren Charakter. Auch die Stadtverwaltung Schleiden residiert in einem Denkmal. Die Hufeisenanlage des **Rathauses** am Ruppenberg galt 1913 als Avantgarde-Architektur. Die komfortable Wohnung für den Landrat und das Haus für den Amtsboten nahmen den größten Raum ein.

Täglich strömen in der Schulstadt Schleiden 2.500 Schüler in zwei Gymnasien, eine Real- und eine Hauptschule sowie drei Grundschulen. Die Musikschule steuert noch einmal 1.000 Schüler aus dem Umland hinzu. Tournee- und Landestheater geben Gastspiele im Kursaal Gemünd. Im Wintergarten des Schlosses wird eine Konzertreihe veranstaltet, und im Musikpavillon sowie im Kursaal von Gemünd spielen Musikvereine zu Kurkonzerten auf.

In der **Schlosskirche St. Philippus und Jakobus** wird der Orgelsommer gefeiert. Sie entstand 1525 als spätgotische Hallenkirche mit teilweise barocker Ausstattung. Die Stirnseiten der beiden Seitenschiffe besitzen wertvolle Glasgemälde. Für Konzerte und Rundfunkaufnahmen wird die wertvolle König-Orgel von 1770 geschätzt. Organisten aus der ganzen Welt kommen nach Schleiden, um sie zu spielen. Die Orgel ruht auf einem Sockel aus „Eifelmarmor" genanntem geschliffenen Sinter. Die **evangelische Kirche** im Tal wurde 1786 im Barockstil erbaut. Sie liegt umgeben von alten Bäumen nahe dem ehemaligen Kurpark.

Auf dem **Marktplatz** steht ein Glockenspiel mit einem Repertoire von 30 Melodien, die je nach Jahreszeit angestimmt werden. Das runde Kriegerdenkmal auf dem Scheurener Berg nennen die Schleidener wegen seiner Form „Senftöpfchen". Das **Erlebnisfreibad Dieffenbach** bietet Dusch-Schikanen und Düsen im Wellnessbereich sowie 42-Meter-Rutsche, Wasserpilz und Strömungskanal. Neben Beachvolleyball kann man Street-Soccer spielen. Auch ein Matschplatz mit Nordseesand wurde angelegt *(Im Wiesengrund, Tel.: 0 24 45/85 15 65, www.schleiden.de).*

Die König-Orgel zieht Organisten aus aller Welt in die Schlosskirche.

Eckturm und Herrenhaus von Burg Dreiborn stammen aus dem 16. und 17. Jahrhundert.

Interessante Orte rundum

Dreiborn

Die höchstgelegene **Wasserburg** des Rheinlandes besitzt Dreiborn auf 540 Metern Höhe. Der breite Wassergraben liegt allerdings trocken. In ihrer 700-jährigen Geschichte wechselten Glanzzeiten und Verwüstungen einander ab. Von der imposanten Anlage sind nur noch einige Gebäudeteile und Burgtürme erhalten. Vor 250 Jahren war das Wasserschloss von Prachtgärten im Rokokostil umgeben. Drei Quellen (= Borne) auf der Hochebene haben dem Dorf seinen Namen verliehen. In der Dreiborner Kirche **St. Georg** erklingt eine von den Gebrüdern Müller in Reifferscheid 1895 erbaute mechanische Kegelwindladen-Orgel. Die Qualität des Instrumentes wird von Fachleuten gleichgesetzt mit den um 100 Jahre älteren König-Orgeln in der Basilika Steinfeld und in der Schlosskirche Schleiden. Zwischen Dreiborn und Vogelsang erstreckt sich die 33 Quadratkilometer große Dreiborner Hochfläche im Nationalpark. Die Dreiborner sprechen eine ausgeprägte eigene Variante der Eifeler Mundart mit einigen Wörtern, die nur hier vorkommen.

Gemünd

Als Kneippkurort mit Kurhaus, Kurpark, Kneippbecken und Kurhotels bringt der Ort an der Mündung der Olef in die Urft gute Voraussetzun-

INTERESSANTE ORTE RUNDUM

SCHLEIDEN

gen für regen Gästebetrieb mit. Lebendig wurde es in der kleinen Einkaufsmeile Dreiborner Straße aber erst, als der Zugang zum **Urftsee** wieder freigegeben wurde. Einen ähnlichen Zuspruch hatte es schon Anfang des 20. Jahrhunderts gegeben, als Kutschen vom Bahnhof aus Gäste an die Staumauer brachten. Zusätzlichen Charme hat Gemünd die Umgestaltung seiner Fußgängerzone und der aufwändige Umbau der alten Volksschule zu Bistro und Galerie für den Verein der Eifelmaler verliehen. Ein ansprechendes Nationalpark-Tor (s. S. 22) empfängt die Gäste vor dem Kurhaus.

Oberhalb der Mündung der Olef in die Urft (oben) steht Haus Marienfels (unten).

Den Bürgern von Gemünd ist der Erhalt des neben dem Kurpark angelegten **Rosenbades** von 1936 mit einem 20 mal 50 Meter großen Becken und Drei-Meter-Sprungturm zu verdanken. 1981 haben sie es in eigener Regie von der Stadt übernommen. Ein Beachvolleyballfeld, ein in den Boden eingelassenes Trampolin, Sandkasten und Schaukeln erhöhen die Attraktivität. *(Tel.: 0 24 44/31 43, www.rosenbad-gemuend.de).*

183

60 Jahre ungestört: der Urftsee

Als Wilhelm II. die 1905 fertiggestellte Urftseestaumauer besuchte, löste er einen touristischen Boom aus. Der Kaiser wollte sehen, was aus der damals größten Baustelle in Europa in sechsjähriger Bauzeit geworden war. Prof. Otto Intze von der Technischen Hochschule Aachen hatte mit der 58 Meter hohen, auf Felsen gegründeten Gewichtsmauer aus Bruchsteinen sein bedeutendstes Werk zur Minderung des Hochwassers an Rur und Urft geplant. Zusätzlich sollte die Talsperre Energie erzeugen, wozu ein Druckstollen durch den Kermeter nach Heimbach zum Kraftwerk gebaut wurde (s. S. 90).

Von der 226 Meter langen Staumauer reicht der Blick nur über einen Teil des zwölf Kilometer langen und bis zu einem Kilometer breiten Sees, der in den Windungen des Urfttals hinter Bergrücken verschwindet. Wird der Höchststau von 45,5 Millionen Kubikmetern überschritten, schießt der Zufluss über Kaskaden mit 33 Stufen in den Obersee. Zu dem spritzenden und schäumenden Schauspiel kommt es am ehesten an einigen Tagen im Winter.

Heute ist der weitaus größte Teil der 12,5 Kilometer weit von Gemünd zur Talsperre führenden Urftseestraße Wanderern und Radfahrern vorbehalten. Gleich zu Beginn des Weges sind vor einer scharfen Rechtskurve die von Moos überwachsenen Grundmauern einer Pulvermühle zu finden. Zwischen 1871 und 1904 wurde hier Schwarzpulver hergestellt. Zwei der Mühlsteine liegen heute in der Nähe des Kurhauses Gemünd an der Urftpromenade. Fangzäune am Steilufer des Urftsees halten Steine und Felsbrocken vom Weg zurück. Rucksackverpflegung wird empfohlen, da erst

Zwischen Urftwehr in Gemünd (unten) und dem Rastplatz an der Urftseestaumauer (oben) liegen zwölf Kilometer.

SCHLEIDEN

an der Staumauer wieder die Möglichkeit zur Einkehr besteht. Besonders an den Wochenenden herrscht Betrieb auf der Terrasse vor der Urftseestaumauer und im rustikalen Restaurant mit Selbstbedienung. Die Besucher treffen hier aus drei Richtungen zusammen: Sie kommen von Gemünd, Rurberg oder Einruhr. Alle haben zwischen fünf und zwölf Kilometer hinter sich. Hinzu kommen noch die Fahrgäste, die mit dem Elektroboot von Rurberg aus über den Obersee eintreffen und Besucher, die sonntags ab Gemünd mit dem Urftseebus (RVE 231) in die Nähe der Sperrmauer fahren.

Der Zöllerplatz in Oberhausen (oben) und der Dorfplatz in Olef (unten)

Oberhausen

Der romantische Zöllerplatz lädt zum Verweilen ein. Hier lag eine der fünf Eisenhütten des Schleidener Tals, später wurden Heugabeln produziert. Im Ort ist noch eine Gruppe von Winkelgehöften ehemaliger Fabrikarbeiter erhalten.

Olef

Die spätgotische Pfarrkirche St. Johann Baptist – eine der ältesten in der Eifel – prägt zusammen mit zweigeschossigen Fachwerkhäusern aus dem 18. Jahrhundert das histo-

Oben: Abendstimmung im einzigen Nationalpark-Dorf Wolfgarten

Unten: Am Feuerwachturm in Wolfgarten

rische Ortsbild. Früher besaß der Ort ein Kloster und eine Burg. Über den gepflasterten Dreiecksplatz in der Dorfmitte verläuft die Bahnlinie, die nur an Saison-Wochenenden mit einem Schienenbus von Kall nach Schleiden befahren wird. Früher musste ein Zugbegleiter vor der Dampflok über den Platz gehen, um mit einer Schelle den Zugweg zu sichern. Der Zug rollte so nah am Pfarrhaus vorbei, dass die Haushälterin dem Lokführer aus dem Fenster einen Becher Kaffee reichen konnte.

Schöneseiffen

Seit dem Jahr 2000 kreisen nahe Schöneseiffen die Flügel eines imposanten Windparks. Die 17 Anlagen haben eine Nabenhöhe von 85 Metern und einen Rotordurchmesser von 70,5 Metern.

Wolfgarten

Das einzige Dorf im Nationalpark ist eingezäunt, um Kermeter-Wildschweine aus den Gärten auszusperren. Der Ort wirkt dadurch ein wenig wie das berühmte kleine Dorf der widerspenstigen Gallier. Der Feuerwachturm am Waldrand dient als Eifelblick-Aussichtsplattform mit einer tollen Rundumsicht.

Blick auf Rursee und Hetzinger Wald

SIMMERATH
Einwohner: 15.417 und 1.518 Zweitwohnungsbesitzer
Fläche: 111 km^2
Orte: Eicherscheid, Einruhr, Erkensruhr, Hammer, Hirschrott, Huppenbroich, Kesternich, Lammersdorf, Paustenbach, Rollesbroich, Rurberg, Simmerath, Steckenborn, Strauch, Witzerath und Woffelsbach
Kontakt: Gemeinde Simmerath, Stabstelle Tourismus, 52152 Simmerath, Tel.: 0 24 73/60 71 77, www.simmerath.de
Rursee-Touristik, Seeufer 3, 52152 Simmerath-Rurberg,
Tel.: 0 24 73/937 70, www.rursee.de und www.eifel-tipp.de

Simmerath

Winkelhöfe und schicke Jachthäfen

Die Anlage des Rursees hat die Anziehungskraft von Simmerath gesteigert. Dabei ist die Gemeinde wohlgeordnet. Gewerbe und Industrie konzentrieren sich auf Lammersdorf, Rollesbroich und Simmerath. Die meisten Arbeitsplätze stellen die 1924 gegründete Edelstahlgießerei Otto Junker in Lammersdorf und das Maltester-Krankenhaus in Simmerath. Für den Gästeverkehr haben sich Rurberg, Woffelsbach, Einruhr und Erkensruhr herausgeputzt. Im Rurtal sind auch die meisten Fremdenverkehrsbetriebe anzutreffen.
Ab 2008 gibt es als besonderes Angebot Dorfrundgänge für die Gäste. Man kann sich mit einer Broschüre in der Hand auf eigene Faust in insgesamt 13 Dörfern zu einer Kurzwanderung auf den Weg machen. Ein-

Oben: Weide im Rurtal bei Hammer

Unten: Johannes-Kapelle in Simmerath

mal im Monat begleitet ein Gästeführer die Besucher durch sein Dorf zu Werkstätten und Sehenswürdigkeiten. Zum Abschluss werden die Wanderer zu einer Eifeler Kaffeetafel eingeladen.

Im 2. und 3. Jahrhundert erschlossen die Römer den Raum Simmerath. Sie führten eine Straße von Konzen bis an die Heilsteinquelle oberhalb von Einruhr, die auch heute wieder genutzt wird. Der Name Simmerath geht auf einen Hof „zu Semenroede" zurück, der 1342 genannt wird.

Tiefe Wunden rissen die beiden Weltkriege. Die Gemeinde, die von Teilen der Höckerlinie des Westwalls tangiert wird, wurde im Winter 1944/45 stark zerstört. Das älteste noch erhaltene Gebäude in Simmerath, die **Johanneskapelle** von 1665, wurde nach dem Ausbau der B 399 originalgetreu in einer kleinen Parkanlage gegenüber dem Busbahnhof wieder aufgebaut. An die großen Märkte im Frühjahr und Herbst mit 320 Ausstellern erinnert der Simmerather **Kragenmann**, der in Bronze in Höhe der Sparkasse steht: Oben herum ist er mit Schlips, Kragen und Jackett bekleidet, unten dagegen mit Arbeitsschuhen und Gamaschen. Er hält dabei die Pfeife in der einen und die Heugabel in der anderen Hand. So brachten die Händler früher Geschäft und Landwirtschaft unter einen Hut.

WINKELHÖFE UND SCHICKE JACHTHÄFEN

SIMMERATH

DER RURSEE

Mit 205 Millionen Kubikmetern Fassungsvermögen ist der Rursee die zweitgrößte Talsperre Deutschlands. Er bietet unter den Eifeler Seen das interessanteste Segelrevier. Die Erzeugung von Energie spielt bei diesem Riesenwasserspeicher eine untergeordnete Rolle. Vorrang hatten beim Bau 1938 der Hochwasserschutz und die Versorgung der Industrie im Raum Düren-Jülich mit Brauchwasser. Diese Aufgabe erfüllen gleichzeitig auch die nachgeschalteten Ausgleichbecken Heimbach und Obermaubach. Der Damm des Rursees wurde 21 Jahre nach seinem ersten Anstau aufgestockt auf 70 Meter Stauhöhe. Die Seefläche wuchs so um ein Drittel auf 783 Hektar. Dadurch wurde auch der Erholungswert zwischen Einruhr und Schwammenauel enorm gesteigert.

1.800 Segelboote wiegen sich in leichten Wellen an den Stegen zwischen Rurberg und dem Staudamm Schwammenauel. Über den 22 Kilometer langen See kann nur kreuzen, wer einen Sportführerschein Binnen und eine Zulassungskarte vom Wasserverband Eifel-Rur besitzt. Wie überraschend sich die Windverhältnisse ändern und den See zu einem anspruchsvollen Revier machen, kann man vom Ufer aus während einer Segelregatta beobachten (Auskunft zu Regatta-Terminen unter Tel.: 0 24 7 /93 77-0 oder www.rursee.de). Weitere Sportarten auf dem Wasser sind Angeln, Kanufahren, Surfen oder Tauchen. Wanderern und Radfahrern bietet sich ein ufernaher Rundweg, der etwas Kondition verlangt. Unterwegs können in Woffelsbach, Schmidt und Schwammenauel Rursee-Schiffe für einen Teil der Tour oder die Rückfahrt benutzt werden (s. S. 92, Rurseeschifffahrt).

480 Meter lang ist der Staudamm Schwammenauel, über den die Landstraße von Heimbach nach Gemünd verläuft. Das Einzugsgebiet des Rursees erstreckt sich über 662 Quadratkilometer. Es beginnt am Osthang des Hohen Venns, wo die Rur entspringt. Die Rur legt von ihrer Quelle im Venn bis zu ihrer Mündung in die Maas bei Roermond fast 200 Kilometer zurück.

Vom Kierberg bei Woffelsbach blicken Wanderer über Rursee und Nationalpark.

Interessante Orte rundum

Dedenborn (oben) mit Mullion-Felsen (Mitte) und Hecke mit Einblick in Eicherscheid (unten)

Dedenborn

Auffällige parallele Steinwülste weist ein steiler Schieferfelsen am Ortsausgang auf. Die in Deutschland als einmalig geltende tektonische Besonderheit reicht so nah an die Fahrbahn heran, dass die Besichtigung nicht ungefährlich ist. 1952 wurden die durch Gebirgsdruck hervorgerufenen Verformungen entdeckt und mit Mullion-Strukturen (= Pfosten) verglichen, die bis dahin nur in England beschrieben worden waren. Zwischen Dedenborn und Kesternich liegt im Tiefenbachtal eine ehemalige Ölmühle aus dem 17. Jahrhundert. An der St. Michael-Pfarrkirche von 1717 steht eine 400 Jahre alte Linde. In der Kirche fallen die bunten, als Halbplastiken in Holz ausgeführten Kreuzwegstationen auf. Ein einheimischer Künstler schuf sie Ende des 17. Jahrhunderts.

Eicherscheid

Beim Bundes-Wettbewerb „Unser Dorf hat Zukunft" wurde Eicherscheid 2007 zum Golddorf gekürt. Damit würdigte die Jury nicht allein die herausragende Gestaltung des Ortsbildes mit bis zu acht Meter hohen Buchenhecken, sondern auch das aktive Dorfleben. Der Ort entstand im Mittelalter an einer Stelle, wo um 200 bis 300 n. Chr. römische Holzfäller ein Lager eingerichtet hatten. 30 Bauernhäuser stehen unter Denkmalschutz. Zu den

Einen weißen Strand bietet das Naturerlebnisbad in Einruhr am Obersee.

fünf als Naturdenkmäler geschützten Bäumen zählt auch die Linde an der Kirche St. Lucia aus dem Jahr 1600. Die Straßen im Haufendorf formen sich zu elf Dreieckknoten, an denen Bäume, Wegekreuze oder kleine Kapellen stehen. Die alten Hecken blieben erhalten, weil sich das Dorf gegen Eingriffe durch die Flurbereinigung zur Wehr setzte. Selbst der Friedhof ist von einer Hecke umgeben. Die kleinen Flurstücke werden teilweise von Schafen oder Pferden beweidet. Auch zum Langlaufen lädt der Höhenort ein. Der Schnittpunkt der Straßen Eicherscheid-Konzen und Simmerath-Imgenbroich heißt „Am Gericht", weil dort bis 1795 ein Galgen stand.

Einruhr

Seit der Nationalpark am Dorfrand beginnt und das 60 Jahre währende Sperrgebiet ablöste, von dem Belästigungen durch übende Truppen ausgingen, atmet Einruhr spürbar auf. Jetzt herrscht Ruhe auf der Seepromenade, und reizvolle Wege führen in den Wald und entlang des Obersees an die Sperrmauer des Urftsees. Im Innenhof des Heilsteinhauses mit Infopunkt und Ausstellungsebene bietet sich der Heilsteinbrunnen mit seinem aus 43 Meter Tiefe sprudelnden Wasser an *(Franz-Becker-Str. 2, Tel.: 0 24 85/317)*. Fachwerkwinkelhöfe aus dem 17. Jahrhundert blieben mitten im Dorf erhalten. Ohne Chlorung kommt das zum Naturerlebnisbad verwandelte Freibad aus: Das Wasser wird in Binsenbecken mikrobiologisch gereinigt. Stranderlebnisse erfahren Kinder in einem großen Oval mit weißem Sand *(Rurstr., Tel.: 0 24 85/317)*. Einen **Waldlehrpfad** haben Förster zwischen Einruhr und Dedenborn eingerichtet. Bäume und Sträucher sind auf zwei Kilometern mit Namensschildern gekennzeichnet. Der Weg mit geringem Höhenunterschied ist auch mit Kinderwagen in einer Stunde bequem zu begehen.

Oben: Ein Elektroboot kreuzt auf dem Obersee.

Informationen: Der **Obersee** darf als Trinkwasserreservoir nur von Elektrobooten der Rurseeschifffahrt befahren werden. Vom Anlegesteg Einruhr geht die Fahrt über Jägersweiler und Rurberg zur Urftseestaumauer; 16,5 Kilometer lang ist die Wanderung um den Obersee. Der See ist auch ein ideales Angelrevier. Wie im großen Rursee sind hier neben anderen Fischarten Zander, Hecht, Barsch und Saibling zu Hause.

Erkensruhr

Von Einruhr verkehrt in der Saison die historische Postkutsche „Diligence" aus dem 19. Jahrhundert nach Erkensruhr. Eine halbe Stunde währt das nostalgische Sonntagsvergnügen im Zweispänner über rund drei Kilometer durchs malerische Tal *(Auskunft, Tel.: 0 24 85/317)*. Zwischen Erkensruhr und dem Weiler Hirschrott steht in der Erkensruhrstraße 198 eine ehemalige Kornmühle aus dem 18. Jahrhundert mit einem selten zu sehenden vorgelagerten Überbau. Auch der letzte Mühlstein zeigt sich in der Hofanlage. Vom „Backes" vor dem Haus breitet sich mehrmals im Jahr der Duft von frisch gebackenem Brot aus. Am Dorfrand in Richtung Dreiborn kann man in einer ebenen Fläche im Hang einen alten Meilerplatz erkennen, wo Köhler Holzkohle für die Eisenwerke hergestellt haben. Ein tief eingeschnittener Hohlweg lässt erahnen, wie sich früher Ochsen- und Pferdekarren zu den Höfen auf der Dreiborner Hochfläche hinauf gequält haben.

Unten: Reste des Hammerwerks in Hammer

Hammer

Alte Fachwerkhäuser und die für den Ort typischen Winkelhöfe liegen an der Durchgangsstraße, die an Wochenenden auch gern von Rad- und Motorradfahrern genutzt wird. Etwas abseits an der Hammer Straße 3 im Rurtal kann man das eingeschossige Restgebäude eines Hammerwerks von 1650 erkennen. Der Klang des schweren Hammers und der Geruch der Holzkohle sind jedoch seit 1860 aus dem Tal verschwunden. Geblieben ist die Strömung der nahen Rur, die den Hammer antrieb. Hinter der schmalen Rurbrücke windet sich ein felsiger Pfad den Hang hinauf. Eiserne Karrenspuren haben sich in das Gestein eingeschliffen.

Lammersdorf

Das Bauernmuseum bietet Einblick ins ländliche Leben des 19. und frühen 20. Jahrhunderts. Auf 600 Quadratmetern sind in einem Gehöft 3.000 Dokumente und Gegenstände versammelt *(Bahnhofstr. 3, Tel.: 0 24 73/ 80 78, www.bauernmuseum-lammersdorf.de, Öffnungszeiten: April bis Ende Oktober So 11–18 Uhr oder nach Vereinbarung)*. Gleich hinter dem Museum in der Bahnhofstraße überwuchert Gras ein Gleis, und traurig steht ein verlassenes eingeschossiges Bahnhofsgebäude am Bahnsteig. Dabei hatte die 1885 gebaute Vennbahn im Jahr 1924 Otto Junker dazu veranlasst, in Lammersdorf den heute noch stärksten Industriebetrieb in der Gemeinde zu gründen. Die Vennbahn stellte Ende 2001 ihren Fahrbetrieb ein. Am nördlichen Ortsrand verläuft ein breites Stück der Höckerlinie des Westwalls. Bunkerruinen verstecken sich unter leichten Hügeln auf den Weiden.

Zurück ins alte Landleben versetzt das Bauernmuseum in Lammersdorf.

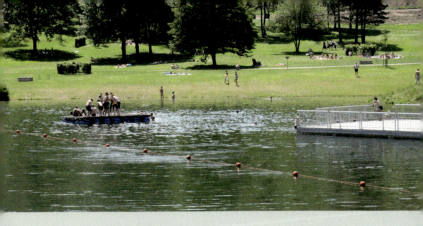

Das Naturfreibad von Rurberg ist kostenlos zugänglich.

Rollesbroich

Zahlreiche Zeugnisse religiöser Kunst und Kultur hat Rollesbroich vorzuweisen. Überquert man von der Streinrötschstraße aus die Dürener Straße, so trifft man auf das Geburtshaus von Maria Helena Stollenwerk (1852–1900), die am 07. Mai 1995 von Papst Johannes Paul II. selig gesprochen wurde. Sie hatte vergeblich versucht, Nonne zu werden, und tat dann Dienst als Küchenhilfe in Steyl. 1889 war sie Mitbegründerin der Steyler Missionarsschwestern und wurde erste Generaloberin des Ordens. In der Krypta der Pfarrkirche St. Mariä Empfängnis wird eine Reliquie der seligen Schwester in einer Nische hinter dem Altar aufbewahrt. Romantik und dörflichen Charme vermittelt die schmale Äuchesgasse mit Buchen, knorrigen Hecken und Fachwerkhäusern. In der Streinrötschstraße steht am Fachwerkgiebel des ältesten Haus „Anno 1658".

Entspannung und Naturbeobachtung bietet ein Rundweg um die **Kalltalsperre** bei Rollesbroich. Vom Wanderparkplatz Kallbrück aus ist die Trinkwassertalsperre zu Fuß oder mit dem Fahrrad gut zu erreichen. Eine Besichtigung der technischen Anlage ist auf Anfrage möglich *(Ernergie- und Wasserversorgung GmbH Stolberg, Tel.: 0 24 02/10 10)*. Stollen verbinden die Talsperre mit dem Obersee und der Dreilägerbachtalsperre in Roetgen. Wenn die Wasserfläche bei Vollstau 29 Hektar bedeckt, sind 2,1 Millionen Kubikmeter im See. Der Staudamm ist 180 Meter lang mit einer fünf Meter breiten Krone.

Rurberg

Am Staudamm des Obersees und dessen Einlauf in den Rursee liegt Rurberg. Restaurants bieten tolle Aussichten auf den See. Im Hang unter der Wendeplatte plätschert „In den Birken" munter Wasser aus einer alten

Bootsstege in Schwammenauel zeugen vom regen Segelbetrieb auf dem Rursee.

Brunnenkammer. Hier holten Rurberger früher ihr Wasser. Winkelhöfe aus dem 17. und 19. Jahrhundert stehen am Hövel 1 und an der Steinbüchelstraße 2. In der Ginsterley ist ein Hof noch mit Rurkieselsteinen gepflastert. Eine Besonderheit von Alt-Rurberg sind neben den 300 Jahre alten Fachwerkhäusern die zahlreichen Kreuze an den Straßen. Im Nationalpark-Tor Rurberg entdeckt man die Schätze Eifeler Gewässer (s. S. 23). Das nebenan liegende **Rurseezentrum** mit seinem Naturfreibad ist ganzjährig unabhängig vom Badebetrieb kostenlos zugänglich. Der Eiserbachsee bietet auch einen barrierefreien Angelsteg. Heimische Fischarten von Aal bis Zander werden garantiert *(Auskunft und Angelscheine: Fischerei-Pächtergemeinschaft Rursee e. V., Am Tierpütz 6, 52385 Nideggen, Tel. 0 24 74/ 264, www.fischerei-rursee.de)*.

Strauch

Imposante Aussichten auf die Höhen und in die Täler der Gemeinde Simmerath, ins Rurtal und auf den Kermeter, den Wasserturm von Vogelsang und den Rand des Hohen Venns zeichnen Strauch aus. Das Dorf verdankt seinen Namen Josef Stroch, der hier 1700 ein Anwesen baute.

Woffelsbach

Ihre Ernten verkauften die Woffelsbacher früher bis nach Aachen. Der Ort entwickelte sich seit der Aufstockung des Rursees Mitte der 1950er Jahre vom Bauerndorf zum Feriendomizil. Aus der Zeit als Woffelsbach noch nicht von Seegästen lebte, erzählen denkmalwerte Hofanlagen in der Oberhausener Straße 9 (von 1691), 11 und 11a, sowie in der Seestraße 15. Die Wendelinuskapelle entstand 1911. 60 Jahre älter ist das in Bruchsteine gekleidete Schulhaus (heute Kindergarten). In den Hanglagen haben sich Streuobstwiesen erhalten.

Die Silhouette von Zülpich mit der Landesburg und der Pfarrkirche St. Peter

ZÜLPICH
Einwohner: 20.105
Fläche: 101,02 km², davon fast 80 % landwirtschaftlich genutzt und nur ca. drei % Wald
Orte: Bessenich, Bürvenich, Dürscheven, Enzen, Eppenich, Füssenich, Geich, Hoven, Juntersdorf, Langendorf, Linzenich, Lövenich, Merzenich, Mülheim, Nemmenich, Niederelvenich, Oberelvenich, Rövenich, Schwerfen, Sinzenich, Ülpenich, Weiler i. d. Ebene, Wichterich und Zülpich
Kontakt: Stadtverwaltung, Markt 21, 53909 Zülpich,
Tel.: 0 22 52/52-0 oder 52-212, www.stadt-zuelpich.de

Zülpich

Luxus im Römerbad und Spaß am See

Vermutlich waren Kelten um 50 v. Chr. die ersten Zülpicher. Tolbiacum nannten die Römer um das Jahr 70 n. Chr. ihre Siedlung, und den Beinamen „Römerstadt" trägt Zülpich noch heute. Aber auch zahlreiche Orte ringsum besitzen Namen, die auf -ich enden: ein Anzeichen für römische Ursprünge. Die fruchtbare Zülpicher Börde, in der es vergleichsweise wenig regnet und oft die Sonne scheint, wird seit jeher intensiv für die Landwirtschaft genutzt. Die gute Qualität der Böden und die günstige Lage am Knotenpunkt römischer Handelsstraßen von Köln nach Reims und von Trier nach Xanten führten dazu, dass die Region in alter Zeit heiß umkämpft war. Zeugen territorialer Auseinandersetzungen sind auch die vielen Burgen in der Zülpicher Bucht. Von früher 30 Adelssitzen sind heute noch 19 erhalten. Wertvolle Funde aus dem Zülpicher Land wie beispielsweise der Hovener Knabenkopf aus römischer Zeit oder der Nemmenicher Reiter aus fränkischer Zeit werden heute im Rheinischen Landesmuseum Bonn bewahrt.

496 wurde Zülpich zum Markstein der Geschichte: Frankenkönig Chlodwig errang nahe Juntersdorf einen glorreichen Sieg über die Alemannen. Dadurch wurde die Grundlage für die Entwicklung des christlich geprägten mittelalterlichen Abendlandes gelegt. Einem Gelübde folgend, konvertierte Chlodwig nach dem Sieg zum Christentum (s. S. 170). In karolingischer Zeit war Zülpich Sitz eines Königshofes.

Stein gewordene Zeugen des Mittelalters sind die Stadtmauer und die vier Stadttore aus dem 13. und 14. Jahrhundert sowie die Burg aus dem 14. Jahrhundert. An die Wallanlagen grenzt ein Grüngürtel, der die Stadt beinahe vollständig umschließt. Im **Kölntor** von 1392 residiert die Karnevalsgesellschaft Blaue Funken. Vom ursprünglich doppelten **Bachtor** ist nur noch das Innentor erhalten. Das **Münstertor** fällt durch burgartige Zinnen auf. Das **Weiertor** mit seinen mächtigen, als Zwinger genutzten Rundtürmen wurde im Zweiten Weltkrieg zu 80 Prozent zerstört, 1974 aber wieder aufgebaut. Die Türme greifen die Form der oberhalb liegenden Burgtürme auf. Für Radfahrer ist es ein besonderer Genuss, bergab durchs Weiertor ins Zülpicher Land zu rollen.

Weithin sichtbar erheben sich die Türme der ehemaligen **Kurkölnischen Landesburg** aus dem 14. und 15 Jahrhundert über die Stadt. Die Burg

Stämmige Rundtürme schmücken die Landesburg (links) und das mächtige Weiertor (rechts).

Oben: Am Wassersportsee bei Lövenich

Unten: Gnadenbild der Erpener Madonna

beherbergte lange Zeit eine der größten Kornbrennereien Deutschlands. In der angeschlossenen Papier- und Pappenfabrik wurden seit 1873 Strohabfälle der Kornbrennerei verarbeitet. Auf die Bedeutung der Papierindustrie, die noch heute zu den größten Arbeitgebern in Zülpich zählt, weist auch der **Papiermacherbrunnen** im Ortskern hin.

1864 verlieh der Anschluss an das Eisenbahnnetz dem Wirtschaftsleben Impulse. Zeitweise besaß Zülpich drei Bahnhöfe. Es gibt Bestrebungen, die Bördebahn, die Zülpich mit Euskirchen und Düren verbindet, auch für den Personenverkehr wiederzubeleben. 1944 versanken drei Viertel der Stadt in Trümmern. Von 1953 bis 1967 wurde im Zülpicher Umland Braunkohletagebau betrieben. Aus der Rekultivierung resultieren zwei attraktive Seen, der **Wassersportsee** bei Lövenich (s. S. 203) und der **Naturschutzsee** bei Füssenich (s. S. 202).

In Zülpichs historischem Zentrum am Mühlenberg liegt die Pfarrkirche **St. Peter**. Am 24. Dezember 1944 wurde die 848 zuerst erwähnte ehemalige Propsteikirche der Benediktiner durch Bomben bis auf die Säulenkrypta aus dem 11. Jahrhundert zerstört. Erst 1957 weihte man die neue Kirche mit ihrem separat stehenden Campanile nach Plänen des Kölner Architekten Karl Brand. Sie bietet in eigenständiger Sachlichkeit einen würdigen Rahmen für gerettete Schätze aus dem alten Gotteshaus. Erhalten blieben unter an-

BADEKULTUR IM RHEINLAND

Neben St. Peter erhebt sich auf alten Grundmauern das Museum der Badekultur im Rheinland (Eröffnung: Ende Juni 2008). Bereits 1929 wurde bei Kanalarbeiten auf dem Mühlenberg eine rund 400 Quadratmeter große römische Badetherme aus dem 2. bis 3. Jahrhundert freigelegt. Sie war 200 Jahre in Betrieb und gilt als eine der besterhaltenen nördlich der Alpen. Die Römer nutzten das Wasser sehr effizient: Erst diente es zum Baden, dann zum Saubermachen und schließlich noch als Spülwasser für die Latrine. Kern des Museums ist ein Teil des römischen Bades, das Caldarium (Warmbad), mitsamt Fußboden- und Wandheizung. Davon ausgehend wird die Geschichte des Badens mit charakteristischen Objekten von der Antike bis zur modernen Wellness-Oase in Dauer- und Wechselausstellungen dargestellt (*www.roemer-thermen-zuelpich.de*).

Auch das einfache Volk durfte im Zülpicher Römerbad Wellness genießen.

derem zwei flandrische Schnitzaltäre aus der Zeit um 1500 sowie das Gnadenbild der Erpener Madonna von 1430.

Bei Grabungen neben dem Museum der Badekultur fand man 2001 außer Resten einer Stadtmauer einen 25 mal 25 Meter großen Kreuzgang aus dem Hochmittelalter. Außerdem wurden Kirchenfundamente aus der romanischen und gotischen Epoche freigelegt. Die größte Überraschung aber war der Fund von 200 Skeletten. Die Beisetzungen hatten zwischen dem 8. und dem 12. Jahrhundert neben einer Rundkirche stattgefunden.

Ins Magazin gewandert sind bis auf Weiteres die wertvollen Bestände des **Propsteimuseums.** Darin dokumentiert Zülpich seine Stadtgeschichte. Außer römischen und fränkischen Funden gehören Bilder des in Zülpich geborenen Malers Hubert Salentin (1822–1910) zum Bestand. Salentin war zunächst Nagelschmied und wurde später Professor an der Düsseldorfer Kunstakademie. Eine Plakette am Geburtshaus Münsterstraße 6 erinnert an Zülpichs Ehrenbürger. Angestrebt wird eine Präsentation der stadtgeschichtlichen Sammlungen in der Burg.

Der spätgotische **Rathausturm** am Markt wurde 1722 bis 1725 errichtet. Wenn die Glocke vom Rathausturm schlägt, fühlt man sich an einen belgischen Belfried erinnert. Aus dem 13. Jahrhundert stammt die ehemalige **Martinkirche** nahe dem Rathaus. Sie war bis 1995 eine Ruine. Der Zülpicher Architekt Markus Ernst setzte eine Stahl-Glas-Konstruktion in und vor die alten Mauern und schuf so eine moderne Bürgerbegegnungsstätte. Die Aussicht vom Turm kann man bei einer Stadtführung genießen *(Auskunft erteilt die Stadtverwaltung, s. S. 196).*

Oben: Zum Bürgertreff wurde die Martinkirche.

Unten: Der Papiermacher-Brunnen im Zentrum

In der Zülpicher Börde floriert die Landwirtschaft.

Interessante Orte rundum

Bürvenich

Zungenmuscheln, Armfüßler und Seelilien sind als 225 Millionen Jahre alte Fossilien noch auf dem 2,5 Kilometer langen **geologischen Wanderpfad** zu finden, die der Naturpark Nordeifel südlich von Bürvenich ausgewiesen hat. Wer beim Suchen kein Glück hat, genießt das Wandern und kann sich nahe dem Parkplatz an einem Eifelblick vom höchsten Punkt Zülpichs (297 Meter) erfreuen, der bei guter Sicht leicht bis zum Siebengebirge reicht.

Enzen

Gräberfunde – zuletzt 1977 – lassen vermuten, dass der Boden rund um Enzen noch viele Geheimnisse birgt. Der **Steinsarkofag** auf dem Friedhof wurde um 1660 beim Bau eines Hauses entdeckt. Angeblich soll ein Ritter mit Krone in schwerer goldener Rüstung darin gelegen haben. Doch der „Enzener Goldschatz" aus dem vermeintlichen Königsarg ist auf rätselhafte Weise verschwunden. Erhalten blieben nur ein paar Schmuckstücke: ein goldener Armreif und ein filigraner Scheitelschmuck aus der Zeit um 300. Sie gehörten vermutlich einer jungen Römerin und sind heute in Privatbesitz. 1811 wurde wenig entfernt der Sarg eines Kindes ausgegraben mitsamt einiger Beigaben. Die Kirche **St. Kunibert** stammt von 1902, nur der Altarraum geht auf das 11. Jahrhundert zurück.

Füssenich

In Füssenich wurde im 12. Jahrhundert das ehemalige Damen-Stift St. Nikolaus gegründet. Es wird mitsamt Kirche und Wohnbereichen von einer

Oben: Ins ehemalige Damen-Stift Füssenich zog ein Berufskolleg ein.

Unten: Cellitinnen gründeten Kloster Marienborn.

langen Mauer umgeben. Heute befindet sich darin ein Berufskolleg. Auch die Luisgesmühle gehörte früher zum Kloster. Noch heute kommen Gläubige, um Wasser aus der Quelle hinter der nahe gelegenen St. Aldericus-Kapelle zu schöpfen. Der Legende nach habe der fromme Fürstensohn Alderich im Kloster Schweine und Schafe versorgt. Eines Tages sei an der Stelle, wo er seinen Hirtenstock auf den Boden gestoßen habe, eine Quelle entsprungen. Alderichs Sarkophag steht in der barock ausgestatteten Klosterkirche. Der nahe gelegene **Neffelsee** mit seinen 60 Hektar Wasserfläche bleibt dem Naturschutz vorbehalten. Geschützte Arten aus Flora und Fauna finden rundum ein Reservat. Nur zu Fuß und mit dem Fahrrad darf man sich der Natur-Oase nähern.

Hoven

Kloster **Marienborn** geht auf eine Gründung aus dem 12. Jahrhundert zurück. 1888 richteten Cellitinnen dort eine Krankenanstalt ein. Heute wird eine Fachklinik für Psychiatrie und Psychotherapie unterhalten. Die Klosterkirche St. Maria und Maximin stammt im Kern aus dem 11. Jahrhundert. Sehenswert ist die um 1175 entstandene Madonna von Hoven mit gekröntem Jesukind.

Langendorf

Die **Burg** Langendorf wurde schon 1240 schriftlich erwähnt. Von 1958 an restaurierte man die spätgotische Wasserburg aufwändig, sodass sie sich heute als Schmuckstück präsentiert. Seit 1991 ist die Burg zum Kulturraum geworden. Jazz und klassische Musik werden in der ehemaligen Remise aufgeführt. Außerdem fördert die Manfred-Vetter-Stiftung junge

Musiker *(Programm unter Tel.: 0 22 52/83 77 77, www.vetter-stiftung.de)*. Minimalistisch wirkende Stein-Skulpturen des Hamburger Bildhauers Ulrich Rückriem bilden im Umfeld der Burg Langendorf einen spannungsreichen Gegensatz zur umliegenden Landschaft. Im Feld westlich von Langendorf erhebt sich zum Beispiel als Solitär die acht Meter hohe Chlodwigstele aus dem Jahr 1999 in spanischem rosa Granit. Vor der Burg Langendorf kann man sich durch die dreiteilige Skulptur „Scheibe" von 1993 aus französischem blauen Granit an frühe dreieinige Gottheiten erinnert fühlen.

Oben: Burg Langendorf ist für seine Konzerte in der Remise bekannt.

Unten: Die Chlodwigstele bei Langendorf

Lövenich

Zwischen Lövenich und Hoven bietet der **Wassersportsee** mit seinen 85 Hektar Fläche und rund 30 Metern Tiefe attraktive Möglichkeiten für Schwimmer, Surfer, Segler, Taucher und Kanufahrer. Auch das Strandleben am Ufer ist beliebt. Ein Wohnmobilhafen ergänzt das Angebot *(Tel.: 0 22 52/83 74 90, www.wassersportsee.de)*. Das **Frauenbildungshaus** wurde 1979 als erstes Frauenbildungshaus der Bundesrepublik in einem ehemaligen Bauernhof gegründet. Von weither reisen die Teilnehmerinnen zu Seminaren und Workshops an, die von der Berufsbildung bis zum rituellen Tanz reichen *(Prälat-Franken-Str. 22, Tel.: 0 22 52/65 77, www.frauenbildungshaus-zuelpich.de)*.

Interessante Orte rundum

St. Kunibert in Sinzenich steht auf den Mauern einer römischen Villa.

S. 205: Blick vom Kalvarienberg in Blankenheim-Alendorf über das Ahrtal bis zur Hohen Acht

Oberelvenich
Vom ehemaligen Schloss in Bollheim blieben nur Wirtschaftsgebäude erhalten. Gut Bollheim wird heute als Bio-Hof mit Laden geführt.

Schwerfen
Zwischen Schwerfen und Floisdorf steht am Irnicher Berg die **Matthias-Stele**. Der fünf Meter hohe Monolith aus Eifeler Basalt markiert eine Stelle an der Römerstraße, die seit dem Mittelalter als Pilgerweg der Matthias-Bruderschaften von Neuss zum Grab des Apostels Matthias in Trier genutzt wird. Wanderer genießen die gute Aussicht.

Sinzenich
Auf den Mauern einer römischen Villa steht die Pfarrkirche **St. Kunibert**. Im Kircheninnern sind noch Mauerreste aus dem 2. bis 4 Jahrhundert erkennbar. Außerdem fanden Archäologen unter dem Turm Reste einer Badeanlage mit Unterbodenheizung. Spätestens ab 1031 diente der Raum als Kirche. Im Altarraum gibt es Gewölbe-Malereien aus dem 13. Jahrhundert, im linken Seitenschiff wurden Fresken aus der Zeit um 1500 freigelegt *(Auskunft und Buchung von Führungen: Rathaus, Markt 21, Tel.: 0 22 52/52-212, www.stadt-zuelpich.de)*.

SERVICE

Touristische Informationen

Informationen über alle touristischen Bereiche in Nord- und Südeifel bietet die **Eifel Tourismus** GmbH (ET), erkennbar am gelben „e" auf grün-blauem Hintergrund. Neben dem Ferienkatalog mit Unterkunftsverzeichnis sind folgende Broschüren erhältlich, teils auch in Niederländisch, Französisch oder Englisch: Reisemobilerlebnis, Campingmagazin, Wanderland Eifel, Radmagazin, Motorrad-Eifel, Naturparkmagazin, Bauernhofmagazin. Als zunehmend interessant entwickeln sich saison-unabhängige Angebote für kultur- oder sportbetonten Aktivurlaub *(Eifel Tourismus, Kalvarienbergstr. 1, 54595 Prüm, Tel.: 0 65 51/96 56-0, Auskunft und online-Buchung auch über www.eifel.info).*

Lage und Klima

Die Nordeifel ist Teil des Rheinischen Schiefergebirges. Sie weist starke Höhenunterschiede zwischen 200 und 700 Metern auf. Sie liegt zum großen Teil im Schatten der regenbringenden Westwinde. An Schieferhängen, in den Tälern, an den Seen und auf den Kalkböden, die wasserdurchlässig sind und sich schnell erwärmen, ist es angenehm mild, während auf den Höhen oft kräftiger Wind pfeift. Das Reizklima der Eifel mit seiner fast sprichwörtlich gesunden Luft hat zahlreiche Luftkurorte entstehen lassen. Besonders für Sport- und Aktivurlaube sind auch die raueren Jahreszeiten interessant. Als sonnigste Monate gelten Mai und Juni, als wärmste Juli und August. September und Oktober bringen den Altweibersommer.

Unterkunft

Die Eifel besitzt als traditionelle Ferienregion Unterkünfte in allen Kategorien von der Privatpension über Ferienhäuser bis zum 4-Sterne-Hotel. Alle Arten von Unterkünften werden auch durch die Eifel Tourismus GmbH (s. o.) vermittelt.

Nationalpark-Gastgeber: Speziell an Nationalpark-Besucher wenden sich zertifizierte Gastgeber, deren Betriebe besonders ökologisch mit Energie, Wasser und Abfall umgehen. Sie halten Info-Material über den Nationalpark bereit und sind intensiv geschult. Man erkennt sie am Nationalpark-Gastgeber-Logo *(Adressen-Auskunft, Tel.: 0 24 44/95 10-0, www.nationalpark-eifel.de).*

Jugendherbergen und Jugendgästehäuser

53902 Bad Münstereifel, Herbergswegs 1–5,
Tel.: 0 22 53/74 38,
www.bad-muenstereifel.jugendherberge.de

53945 Blankenheim, Burg 1,
Tel.: 0 24 49/95 09-0,
www.burg-blankenheim.jugendherberge.de

53940 Hellenthal, Platiß 3, Tel.: 0 24 82/22 38,
www.hellenthal.jugendherberge.de

52156 Monschau, Auf dem Schloss 4,
Tel.: 0 24 72/23 14,
www.burg-monschau.jugendherberge.de

52385 Nideggen, Rather Str. 27, Tel.: 0 24 27/12 26, www.nideggen.jugendherberge.de

53937 Schleiden-Gemünd, Im Wingertchen 9,
Tel.: 0 24 44/22 41,
www.gemuend.jugendherberge.de

52152 Simmerath-Rurberg, Tel.: 0 24 73/22 00,
www.rurberg.jugendherberge.de

Die Gemeinde Nettersheim unterhält ein Jugendgästehaus mit 200 Betten *(Tel.: 0 24 86/12 46, www.nettersheim.de)*.

Campingplätze

Idyllische Täler und Seen ziehen Gäste an, die der Natur besonders nahe kommen möchten. Campingplätze gibt es unter anderem in Nideggen, Rurberg, Woffelsbach, Imgenbroich, Schleiden, Nettersheim und Freilingen *(Auskunft: Eifel Tourismus, s. S. 205, www.eifel.info oder www.camping-eifel.de)*.

Wohnmobil-Plätze

Natur pur bevorzugen auch die Besitzer von Mobilheimen. Für sie sind Stationen ausgewiesen in: Bad Münstereifel, Blankenheim, Blankenheim-Freilingen, Dahlem-Kronenburg See, Dahlem-Schmidtheim, Hellenthal, Hellenthal-Udenbreth, Hürtgenwald-Bergstein, Hürtgenwald-Simonskall, Hürtgenwald-Zerkall, Mechernich-Kommern, Monschau, Nettersheim, Nideggen-Brück, Roetgen, Rurberg, Schleiden, Schleiden-Gemünd, Simmerath-Rurberg, Simmerath-Woffelsbach und Zülpich *(Auskunft Eifel Tourismus, s. S. 205, www.eifel.info)*.

Unterwegs mit Kindern

Nationalpark und Naturpark Hohes Venn-Eifel sind ideal geeignet für den Aufenthalt mit Kindern. Hier eine kleine Auswahl von Einrichtungen und Angeboten, die die Jüngsten ansprechen:

Besucherbergwerke

Mechernich: Grube Günnersdorf, Schatzsuche mit Taschenlampe

Hellenthal-Rescheid: Grube Wohlfahrt, Einfahren mit der Grubenlampe

Burgen

Bad Münstereifel: 200 Meter Wehrgang auf der Stadtmauer, Puppenmuseum

Dahlem-Kronenburg: Entdecken von Burgbering und Ruine

Heimbach: Burgtore mit Fallgittern und Wehrgang

Hellenthal-Reifferscheid: Turmbesteigung

Hellenthal-Wildenburg: Hexenturm und Burgrundgang

Nideggen: Burgtore, Verlies, Blick ins Rurtal, Burgenmuseum

Satzvey: Rüstungen und Kostüme für Ritterspiele, Programme für Kinder

Museen

Euskirchen: Kinderprogramme in der Tuchfabrik Müller

Mechernich-Kommern: Kinderprogramme im Freilichtmuseum

Natur

Nationalpark: Nationalpark-Tore und Kinderprogramme

Nettersheim: Programme für Kinder und Jugendliche

Freizeitparke

Kall: An der Auelstraße liegen Sport und Freizeitangebote dicht zusammen. Auf den Sportplatz folgt der multifunktionale Aktiv Park mit Tennisplätzen, Badminton und Saunalandschaft. Daneben steht ein 2.000 Quadratmeter großes überdachtes Abenteuerland für Kinder *(Tel.: 0 24 41/47 47)*.

Mechernich-Kommern: Sommerrodelbahn

Der **Hochwildpark Rheinland** in Kommern-Süd bietet täglich von 9 Uhr bis zum Einbruch der Dämmerung Tuchfühlung mit Rehen, Hirschen und Wildschweinen. Der 80 Hektar große Park liegt zwischen Kommern-Süd und Katzvey. Durch die bewaldeten Gehege ziehen Elche, Muffelwild, Steinböcke, Yaks, Auerochsen und Damwild. An den Wegen durch die Reviere bieten sich Beobachtungsbühnen und Futterplätze an. Teile des Parks sind barrierefrei. Seilbahn, Klettergerüste, Rutschen, Spielplatz und Streichelzoo erwarten die Kinder. Familien oder Gruppen können nach Voranmeldung einen der Grillplätze nutzen. Auf das Treiben der Vögel in den Volieren blickt man aus dem Café im „Waldhaus" *(Tel.: 0 24 43/ 65 32, www.hochwildpark-rheinland.de)*.

Monschau-Rohren: Sommerrodelbahn

Tierparke

Hellenthal: Wildgehege mit Streicheltieren und Greifvogel-Freiflügen

Mechernich-Kommern: Streichelzoo im Hochwildschutzpark

Roetgen: Kindergartenwald

Schmidt: Wildpark

Wassersport

Dahlem-Kronenburg: Tret- und Ruderboote auf dem Stausee

Heimbach: Kanu- und Kajakfahren auf der Rur

Kreuzau-Obermaubach: Ruderboote auf dem Stausee

Thermen

In Euskirchen, Kreuzau, Mechernich-Obergartzem und Roetgen

Freibäder und Naturbäder

In Einruhr (Naturbad), Euskirchen-Stotzheim (Steinbach), Gemünd, Heimbach *(Auf Wissen Woog, Tel.: 0 24 46/31 96, www.freibad-heimbach.de)*, Rurberg, Schleiden, Schmidt (Eschauel)

Ferien auf dem Bauernhof

Besonders Kinder mögen das naturnahe Leben auf dem Bauernhof. Ländliche Gastgeber haben sich unter dem Dach von „NatUrlaub bei Freunden" zusammengeschlossen. Einige bieten auch spezielle jahreszeitlich orientierte Programme für Familien mit Kindern an. Eine Übersicht über die Bauernhof-Quartiere und ihre Angebote findet man unter www.urlaub-bei-freunden.de oder über Eifel Tourismus (s. S. 205), der auch das „Bauernhof-Magazin" herausgibt.

Eifel-Blicke

Der Deutsch-Belgische Naturpark Hohes Venn-Eifel hat an 45 markanten Aussichtspunkten „Eifel-Blicke" eingerichtet, die man zu Fuß, mit dem Fahrrad oder mit dem Auto erreichen kann. Panoramatafeln erklären, was zu sehen ist. Als Picknick-Platz dient der „Eifel-Sitz", ein auf dem Rücken liegendes großes „E". Touristische Info-Stellen halten ein Heft mit allen Eifel-Blicken bereit *(Infos und 360°-Fotos auch unter www.eifel-blicke.de)*.

Unten: Wanderreiter finden ausgewiesene Touren und Unterkünfte.

Unterwegs als Wanderer

Die Schönheit der Eifel erschließt sich den Wanderern zu allen Jahreszeiten intensiv. Als klassisches Wanderland besitzt die Region so viele erprobte Pfade, dass man nicht alle aufführen kann. Hier eine kleine Auswahl:

Der **Eifelsteig** (www.eifelsteig.de) ist als Premium-Wanderweg frisch ausgebaut. Er führt über 300 Kilometer von Aachen durch die Eifel bis Trier. Der Eifelverein und der Bachem-Verlag geben Reiseführer darüber heraus (www.bachem.de).

Als **Wanderland Rureifel** *(www.wanderland-rureifel.de)* hat die Rursee-Touristik 17 Themen-Wege konzipiert, die fünf bis 17 Kilometer lang sind.

Neben dem langen **Rurseerandweg** (32 km) bietet sich der **Oberseerandweg** als Alternative an: Ab Rurberg marschiert man bis zur Urfttalsperre (ca. 4 km) und von dort nach Einruhr entlang von schroffen Felshängen und malerischen Winkeln (ca. 6,5 km). Zurück nach Rurberg kann man zu Fuß gehen (6 km) oder die Tour mit der Weißen Flotte abkürzen.

Der **Wildnis-Trail** (85,3 km) ist in vier Tagesetappen unterteilt. Er beginnt in Höfen und endet in Heimbach (s. S. 19)

Information: Zur Vorbereitung von Rad- und Wandertouren kann die Verwendung von **GPS** hilfreich sein. Voraussetzung sind: ein Pocket-PC (PDA) mit GPS-Antenne und Wandersoftware. SD-Speicherkarten mit Touren und Kartenausschnitt gibt es unter anderem bei Eifel Tourismus (s. S. 205) sowie bei Monschauer-Land Touristik *(Tel.: 0 24 73/93 77-0)*.

Der Eifelverein

Empfehlenswerte **Wanderkarten** gibt der Eifel-Verein heraus. Er hat sich bei seiner Gründung 1888 in Bad Bertrich die wirtschaftliche Erschließung der Eifel sowie die Pflege von Natur und Kultur zum Ziel gesetzt. Heute verzeichnet der Eifelverein 162 Ortsgruppen mit rund 30.000 Mitgliedern. Sie markieren Routen und laden zu Wanderungen mit unterschiedlichen Anforderungen ein. Grenzüberschreitende Wege folgen dabei auch alten Schmugglerpfaden. Die Gäste profitieren von der Ortskenntnis der einheimischen Führer, die Fremden auch mit Episoden Land und Leute näher bringen. Außerdem hat der Eifelverein allein für die Nordeifel und den Nationalpark neun detaillierte Karten im Maßstab 1:25 000 ausgearbeitet, die auch Hinweise auf überörtliche Radwege enthalten.

Der Eifelverein weist drei Fernwanderwege, einen Weitwanderweg, 14 Hauptwanderwege und vier Regionalwanderwege mit einer Gesamtlänge von rund 3.400 Kilometern aus. Hinzu kommen rund 6.000 Kilometer örtliche Strecken. Mit der ehrenamtlichen Pflege von Kapellen, Bildstöcken und Bodendenkmälern tragen die Vereinsmitglieder dazu bei, das „Wir-Gefühl" in der Eifel zu stärken und Gästen die Region attraktiv und interessant zu präsentieren. Hinzu kommen Kalender und Schriftenreihen. In der Mayener Genovevaburg sind Bibliothek und Eifelmuseum untergebracht (Auskunft über die Ortsgruppen des Eifelvereins oder die Hauptgeschäftsstelle in Düren, Tel.: 0 24 21/131 21, www.eifelverein.de sowie durch die Vereinszeitung „Die Eifel").

Unterwegs als Radfahrer

Die Eifel ist bestens mit Radwegen für alle Ansprüche ausgestattet. Die Verkehrsämter und Nationalpark-Tore halten Wegbeschreibungen mit Hinweisen auf Sehenswürdigkeiten und Unterkünfte bereit. Einige Beispiele:

Der **Ahrtalradweg**, ca. 85 Kilometer, führt von Blankenheim über Ahrdorf, Schuld und Bad Neuenahr bis Remagen/Kripp an den Rhein. Ab Dümpelfeld geht's über die **Vulkan-Rad-Route-Eifel**.

Die **Wasserburgen-Route**, ca. 365 Kilometer, zieht sich von Bad Godesberg nach Aachen durch die an Wasserburgen reichsten Regionen Europas.

Die sportlich anspruchsvolle **Eifel-Höhenroute** ist rund 280 Kilometer lang. Sie führt rund um den Nationalpark Eifel und ist gut an die Bahnlinie Köln-Trier und die Rurtalbahn angeschlossen. Der Einstieg ist individuell wählbar.

Der **Erft-Radweg**, ca. 110 Kilometer, führt von Nettersheim-Holzmülheim nach Neuss an den Rhein, fast ausschließlich über separate Wirtschafts- und Radwege. Zahlreiche Bahnhöfe ermöglichen eine individuelle Routenplanung.

Der **Rur-Ufer-Radweg** beginnt im Quellgebiet der Rur im Hohen Venn und ist 180 Kilometer weit bis zur Mündung in Roermond ausgewiesen. Mit Rurtalbahn und Rurseeschifffahrt lässt sich die Tour variieren.

Der **Kylltal-Radweg**, ca. 115 Kilometer, führt von Losheimergraben oder von Dahlem über Jünkerath, Gerolstein, Kyllburg und Speicher nach Trier. In Ehrang erfolgt der Anschluss an den Moselradweg. 18 Bahnhöfe an der Strecke erleichtern die Routenplanung.

Das **Raderlebnis an Urft und Olef**, ca. 50 Kilometer, verläuft von Hellenthal über Schleiden, Gemünd und Kall bis Nettersheim. Ein Abstecher nach Steinfeld ist möglich.

Die **Tälerroute Neffelbach** beginnt in Heimbach und führt über Zülpich und Nörvenich bis Kerpen-Sindorf. Zu erleben ist die Vielfalt der Landschaften zwischen Rur und Erft. Start- und Zielpunkt haben Bahnanschluss.

Information: Tipps findet man auch unter www.eifel-radtouren.de. Auskunft über Transportmöglichkeiten für Fahrräder in Bussen erteilen unter anderem: AVV und RVK (s. S. 211).

Golf

Golfer finden in der Nordeifel zwei Plätze: an der Burg Zievel in der Gemeinde Mechernich sowie in Bad Münstereifel-Eschweiler.

Reiten

„Eifel zu Pferd" heißt ein Magazin, das der gleichnamige Verein herausgibt. Es animiert Wanderreiter zu Touren und gibt Hinweise auf Unterkünfte für Mensch und Pferd *(Tel.: 0 65 51/96 56-0, www.eifelzupferd.de)*.

Eifel barrierefrei

Um Menschen mit Behinderung ein vielfältiges Naturerlebnis zu ermöglichen, haben verschiedene Gemeinden Ausflugsziele angepasst. Auf Initiative des Deutsch-Belgischen Naturparks Hohes Venn-Eifel und des Nationalparks entstanden eine Broschüre und eine barrierefreie Website *(www.eifel-barrierefrei.de)*. Darin gibt es unter anderem Hinweise auf Nationalpark-Tore, Erlebnispfade, Führungen in Gebärdensprache, barrierefreie Ausstellungen, Beschilderungen für Blinde, Schiffstouren mit einem Ranger über den Rursee (ab Schwammenauel). Angebote machen auch das Wasser Info Zentrum Eifel in Heimbach, die Kakushöhle in Mechernich-Eiserfey, der Landschaftspfad Marmagen, das Naturzentrum Nettersheim, Vogelsang, der Wassersportsee Zülpich und das Wildgehege Hellenthal. Vorteile besitzen die barrierefreien Angebote auch für junge Familien, die mit Kinderwagen unterwegs sind, für ältere Menschen und alle, die es gern etwas bequemer mögen.

Regionale Küche

Bach-Forellen und Lamm von Eifeler Weiden gehören zu den Köstlichkeiten der regionalen Küche. Viele Restaurants bieten auch traditionelle Gerichte an von der süßen „Prummetaat" (Pflaumenkuchen) bis zum herzhaften „Döppekoche", einem im Backofen gegarten Kartoffelgericht. Aber auch in der modernen Küche finden Erzeugnisse aus der Eifel Verwendung, häufig in Bio-Qualität. Unter der Bezeichnung **Regionalmarke Eifel** werden tierische und pflanzliche Produkte angeboten, die nach bestimmten Qualitätsbestimmungen erzeugt wurden – von Getreide über Obst und Gemüse bis zu Milchprodukten, Fleisch und Fisch *(Verkaufsstellen von regionalen Erzeugnissen – auch außerhalb der Eifel – unter: www.regionalmarke-eifel.de)*.

Einkaufen und Souvenirs

Wer regionale Produkte aus Küche und Keller, Werkstatt und Atelier erwirbt, nimmt ein Stückchen Eifel mit nach Hause. In die Liste der Souvenirs gehören Schinken, Schwarzbrot und Honig,

Monschauer Dütchen, edle Obstbrände, Wacholderschnaps, Apfelsaft von Streuobstwiesen, Senf, Heimbacher Trüffel und Eifeler Printen. Witzige Mitbringsel sind auch die Nationalparkschweine aus Holz. Die Regionalmarke Eifel hat sich etabliert für Produkte aus den Bereichen Landwirtschaft, Forstwirtschaft, Handwerk und Tourismus. Sie ist erkennbar an einem gelben „e" vor vierfarbigem Hintergrund (www.regionalmarke-eifel.de).

Öffentlicher Nahverkehr

DB-Bahnlinie Köln-Trier, Deutsche Bahn (DB), Tel.: 08 00/150 70 90 (kostenlos), www.bahn.de
Verkehrsverbund Rhein-Sieg (VRS) Tel.: 0 18 03/50 40 30 (9 Cent/Min.), www.vrsinfo.de
Aachener Verkehrsverbund (AVV), Tel.: 02 41/968 97-0, www.avv.de
Regionalverkehr Euregio Maas-Rhein (RVE), Tel.: 02 41/91 28 90, www.rve-aachen.de
Regionalverkehr Köln (RVK), Tel.: 02 21/163 72 39, www.rvk.de. Die RVK unterhält auch den Nationalpark-Shuttle vom DB-Bahnhof Kall nach Vogelsang.
Rurtalbahn, Tel.: 0 24 21/20 02 22, www.rurtalbahn.de
Information: Einen guten Service innerhalb der Ferienregion Eifel bietet auch www.ichsehe-waswasdunichtsiehst.info

Wo ist was los im Jahresverlauf?

Informationen über lokale Feste und Veranstaltungen bieten das „Eifel Gäste-Journal" der Eifel Tourismus GmbH (s. S. 205) und die viersprachige Gästezeitung „Eifeltimes". Weitere Termine sind unter www.eifellive.de zu finden. Das Kultur-Portal Eifel-Art (www.eifel-art.de) gibt Tipps und Hinweise für kulturelle Veranstaltungen in verschiedenen Bereichen und an unterschiedlichen Orten in der Nord- und Südeifel.

JANUAR
Winterwanderungen, Hüttenzauber, karnevalistische Abende

FEBRUAR
Karnevalsumzüge in den Dörfern und Städten
Blankenheim: Geisterzug am Karnevalssamstagabend

MÄRZ
Ostermärkte
Blankenheim-Alendorf: Kreuzwegprozession zum Kalvarienberg in der Karwoche
Mechernich-Kommern: Jahrmarkt anno dazumal, Karsamstag bis Weißen Sonntag

APRIL
Frühlingskonzerte, Wanderungen
Monschau: Kanu-Rennen, etwa erstes April-Wochenende

MAI
Euskirchen: Donatus-Kirmes am zweiten Wochenende
Kall-Steinfeld: Hermann-Josef-Fest am 21. Mai
Mechernich-Kallmuth: Kallmuther Ritt am 01. Mai
Mechernich-Kommern: Kleintier- und Blumenmarkt am zweiten Sonntag
Mechernich-Kommern: Burgfest an Christi Himmelfahrt
Mechernich-Satzvey: Ritterspiele auf der Burg, Pfingsten und am Wochenende danach
Simmerath: Frühjahrsmarkt am Wochenende nach Pfingsten

JUNI

Euskirchen-Kuchenheim: Wollmarkt an der Tuchfabrik Müller

Heimbach: Kammermusikfestival im Jugendstil-Wasserkraftwerk

Kall-Steinfeld: Eifeler Musikfest am ersten Wochenende nach Pfingsten

Nideggen-Wollersheim: Stiftshoffest

JULI

Bad Münstereifel: Kirmes am dritten Sonntag

Blankenheim: Tour de Eifel durchs Ahrtal am ersten oder zweiten Sonntag

Blankenheim-Freilingen: Seefest am ersten Wochenende

Dahlem-Kronenburg: Burgbering, Flohmarkt am zweiten Wochenende

Heimbach: Eröffnung der Wallfahrtsoktav am Samstag nach dem 02. Juli

Mechernich: Bergfest im Bergbaumuseum am ersten Wochenende

Simmerath-Woffelsbach und Rurberg: Rursee in Flammen am dritten Samstag

AUGUST

Blankenheim: Seenachtsfest am ersten Samstag mit Feuerwerk und Musik auf der Seebühne (Sa/So Handwerkermarkt)

Blankenheim-Alendorf: Wacholderfest am zweiten Wochenende

Monschau: Marathon für Läufer, Nordic Walker und Biker mit Rahmenprogramm

SEPTEMBER

Bad Münstereifel: Michaelsmarkt am Wochenende nach dem 27. September (= Michaelstag)

Blankenheim-Dollendorf: Erntedankfest mit historischem Umzug am Erntedanktag (im ungeraden Jahr)

Dahlem-Kronenburg: Kunst- und Kulturtage am zweiten Wochenende

Hellenthal-Reifferscheid: Burgfest mit historischem Jahrmarkt am dritten Sonntag

Mechernich-Kommern: Freilichtmuseum, Kaltblütertage nach der Ernte

OKTOBER

Eifeler Ateliertage bei Künstlern aus der Region mit zentraler Ausstellung an wechselnden Orten

Euskirchen: Simon-Juda-Markt, 1,6 Kilometer langer Kirmes- und Krammarkt

Monschau-Mützenich: Erntedankzug

Simmerath: Herbstmarkt mit 320 Ausstellern am Wochenende vor dem 21. Oktober

NOVEMBER

Erntedankfeste und Martinszüge

Blankenheim-Ripsdorf: Kirmes mit Hahneköppen und Häusertaufe

Euskirchen: Kneipen-Festival Night-Groove

Mechernich-Kommern: Freilichtmuseum, Martinszug wie früher auf dem Dorf, Sonntag vor St. Martin, 17 Uhr

DEZEMBER

Dahlem-Kronenburg: Weihnachtsmarkt am ersten Adventwochenende im Oberdorf

Euskirchen: Silvesterlauf um die Steinbach-Talsperre

Hellenthal-Reifferscheid: Weihnachtsmarkt am ersten Adventwochenende auf der Burg

Mechernich: Silvester-Wanderung ab Bergbaumuseum

Mechernich-Kommern: Freilichtmuseum, Advent für alle Sinne, erstes Adventwochenende

Monschau: Weihnachtsmarkt mit lebender Krippe

Monschau-Konzen: Krippenausstellung

Simmerath-Rurberg: Weihnachtsmarkt am See

Sach- und Ortsregister

A
Abenden *162, 165, 166*
Ahr *50ff, 58, 60, 62f*
Ahrdorf *58, 63*
Ahrhütte *58, 62*
Alendorf *58f*

B
Baasem *64f, 66*
Bad Münstereifel *36ff, 42f, 45, 47f, 50, 103, 118*
Berg *129*
Bergstein *107*
Berg-Thuir *166*
Berk *65, 66*
Billig *73, 82*
Blankenheim *51f, 54, 56f, 60, 63*
Blankenheimerdorf *57, 60*
Blankenheim-Wald *60*
Bouderath *158*
Brandenberg *107f*
Breitenbenden *129, 137*
Bürvenich *201*
Burg Zievel *136*

D
Dahlem *33, 64f, 70f*
Dahlemer Binz *65, 67*
Decker Tönnes *47, 49f*
Dedenborn *190f*
Dollendorf *60f*
Dreimühlen *126, 129*
Dreiborn *178, 182, 192*
Dreiborner Hochfläche *16ff, 182, 192*
Dreilägerbachtalsperre *175f, 194*
Drove *121f, 123*
Drover Heide *123*
Düttling *94*

E
Effelsberg *46, 49*
Eicherscheid *190*
Eicks *131*
Eifelverein *19, 37, 209*
Eiserfey *131f, 137*
Einruhr *19, 92, 185, 187ff, 191f*
Embken *162, 168*
Engelgau *158, 161*
Enzen *201*
Erkensruhr *187, 192*
Eschweiler *46*

Eupen *147, 172*
Euskirchen *72-77, 79-84, 117, 147, 198*

F
Flamersheim *82, 87*
Frauenberg *83*
Frauenkron *64, 68*
Freilichtmuseum Kommern *134*
Freilingen *58, 61*
Freilinger See *61*
Frohngau *158*
Füssenich *198, 201*

G
Gemünd *14, 18f, 22, 95, 113, 177-180, 182-185, 189*
Gey *108*
Glehn *131*
Großbüllesheim *75, 84*
Großhau *108, 111*
Grube Günnersdorf *128*
Grube Wohlfahrt *102*

H
Hammer *193*
Heimbach *13, 17, 19, 22, 89, 92, 95, 124, 184, 189*
Hellenthal *96, 98, 102, 179*
Hergarten *94*
Hochwildpark Rheinland *134, 207*
Höfen *19, 22, 139, 146*
Hohes Venn *139, 156*
Hollerath *99*
Holzmülheim *158*
Honerath *47*
Horm *108*
Hostel *132*
Houverath *47*
Hoven *202f*
Hüngersdorf *61*
Hürtgenwald *105f, 110, 123*
Hürtgenwaldmuseum *110f*

I
Imgenbroich *147, 191*
Iversheim *38, 47*

J
Jugendstil-Wasserkraftwerk *90f*

K
Kakushöhle/Kartsteinhöhle *126, 129f*
Kall *112, 113ff, 124, 128, 149, 186*
Kallmuth *132*
Kalltalsperre *124, 176, 194*
Kalterherberg *148f*
Katzensteine *133*
Katzvey *133f*
Keldenich *114f, 116*
Kessenich *84*
Kirchheim *81, 84*
Kirspenich *47*
Kloster Reichenstein *143, 149*
Kleinbüllesheim *85*
Kommern *83, 128, 133f*
Konzen *139, 149, 188*
Kradenhövel *100, 104*
Krawutschke-Turm *107*
Kreuzau *121f, 171*
Kreuzweingarten *85*
Kronenburg *64f, 68f*
Kronenburgerhütte *69, 70f*
Kronenburger See *70*
Kuchenheim *75, 81, 86*

L
Lammersdorf *33, 187, 193*
Langenbroich *123f*
Langendorf *202f*
Lessenich *136*
Lindweiler *62*
Lövenich *198, 203*
Lommersdorf *58, 62*
Losheim *100*
Losheimergraben *103, 209*

M
Mahlberg *48*
Mariawald *94f*
Marmagen *159f*
Mechernich *128, 133, 138*
Michelsberg *48, 103*
Monschau *139, 140-143, 147, 149, 173*
Mützenich *139, 149f*
Mulartshütte *176*
Muldenau *168*
Mutscheid *48*

N
Narzissenwiesen *96, 99f, 146*
Neffelsee *202*

SACH- UND ORTSREGISTER

Blick auf den Obersee zwischen Einruhr und Rurberg

Nideggen *13, 162, 164f, 168*
Niederkastenholz *87*
Nettersheim *47, 132, 151-154, 157f, 161*
Nöthen *43, 49, 152*
Nonnenbach *62*

O
Oberelvenich *204*
Obergartzem *136*
Oberhausen *179f, 185*

Obermaubach *93, 121f, 124f, 189*
Obersee *16, 92, 184f, 192, 194*
Olef *99, 178ff, 182, 185*
Oleftalsperre *96f, 98, 100*

P
Pesch *49, 152, 161*

R
Radioteleskop Effelsberg *46*
Radioteleskop Stockert *46*
Reetz *62*
Reifferscheid *68, 101f, 182*
Rheder *87*
Ringsheim *87*
Ripsdorf *59, 62*
Roderath *161*
Rodert *9*
Roetgen *172f, 175, 194*
Rohr *62f*
Rohren *150*
Rollesbroich *187, 194*
Römerkanal *129, 131*
Rupperath *50*
Rurberg *92, 185, 187, 189, 192, 194f*
Rursee *16, 91ff, 169, 189, 192, 194*

S
Satzvey *133, 136f*
Scheven *116, 132*
Schleiden *89, 113, 177-180, 182, 186*
Schmidt *168f, 189*
Schmidtheim *33, 57, 64f, 67, 71*
Schöneseiffen *186*
Schwarzwildpark Roetgen *174*
Schweinheim *77, 87*
Schwerfen *204*
Simonskall *109*
Simmerath *176, 187f, 195*
Sinzenich *204*
Sistig *116f*
Sötenich *114, 117*
Staubecken Obermaubach *93, 124*
Steinbachtalsperre *81, 84*
Steinfeld *42, 49, 103, 114, 118ff, 149, 153, 160, 182*
Stockert *46*
Stotzheim *87f*
Strauch *195*

T
Thum *122*
Tiergartentunnel *54*
Tondorf *161*
Tuchfabrik Müller *75, 86*

U
Udenbreth *33, 99, 103*
Uedelhoven *63*
Urft *18, 60, 119, 120, 132, 152, 157f, 178, 182, 184*
Urftsee *12, 16, 183f*

V
Vlatten *95, 108*
Vogelsang *9, 12, 14, 16ff, 20, 24ff, 28, 30ff, 113, 182, 195*
Vossenack *106, 109, 110, 112*
Vussem *137*

W
Wachendorf *136, 137f*
Waldorf *63*
Wassersportsee Lövenich *198, 203*
Wehebachtalsperre *111f*
Weidesheim *88*
Weißer Stein *99*
Westwall *32f*
Wildenburg *103f*
Wildenburger Ländchen *104*
Wildgehege Hellenthal *98*
Wildpark Schmidt *169*
Wisskirchen *88*
Woffelsbach *187, 189, 195*
Wolfgarten *186*
Wollersheim *162, 170f*
Wollseifen *18, 31ff*

Z
Zehntstelle *102*
Zerkall *92, 105, 112*
Zingsheim *152, 154, 161*
Zülpich *166, 196f, 198, 200*
Zweifallshammer *112*

Namensregister

A
Adenauer, Konrad *69*
Asensi, Enrique *77*

B
Brandt, Willy *36*
Bruder Klaus *138*
Böll, Heinrich *123f*
B. Traven *109*

C
Caroline von Monaco *69*
Christo *143*

E
Eiffel, Gustave *160*
Eßer, Thomas *81*

F
Faymonville, Thomas *69*
Fischer, Emil *76, 81*

G
Graf, Willi *81*
Göring, Hermann *69*

H
Haass, Friedrich Joseph *41f*
Heino *38*
Hl. Hermann-Josef *118ff*
Hoesch, Hans *112, 122*
Hoesch, Kurt *122*
Horrichem, Stephan *148f*
Hürten, Prof. Karl *44*

J
Jansen-Winkeln, Ernst *116*
Junker, Otto *187, 193*

K
Kinkel, Gottfried *52*
König, Balthasar *42, 118*
Kopelew, Lew *37, 42*

N
Napoleon *69, 172*
Neumann-Neander, Ernst *81*
Niedecken, Wolfgang *69*

P
Peiner, Werner *69*
Primbsch, E. O. *116*

R
Rückriem, Ulrich *203*

S
Salentin, Hubert *200*
Schaefer, Konrad *81*
Scheidtweiler, Trudel und Hermann-Josef *138*
Solschenizyn, Alexander *124*
Stollenwerk, Maria Helena *194*
Stephinsky, Franz Maria Ferdinand *43*
Stirnberg, Bonifatius *80*

T
Traven, B. *109*

V
Vetter, Manfred *202*
Viebig, Clara *148*

W
Winkelschmidt, Pfarrer *68*
Wille, Fritz von *81*

Z
Zumthor, Peter *138*

Vom Kalvarienberg bei Blankenheim-Alendorf führt ein Wanderweg ins schöne Ahrtal.

Im leichten Trab geht's über Wiesen und Weiden bei Nettersheim-Roderath.

LITERATURANGABEN

Barkhausen, Ernst: Die Tuchindustrie in Montjoie – ihr Aufstieg und Niedergang. Aachener Verlags- und Druckerei-Gesellschaft 1925.

Die Burgen um Euskirchen. Hg. Freunde und Förderer des Stadtmuseums e. V. Euskirchen.

Die Kirchen und Kapellen in Euskirchen, Hg. Freunde und Förderer des Stadtmuseums e. V. Euskirchen.

Hanf, Walter: Kleine Westwallwanderung, Führung durch Burg Wildenburg, und Führer durch Burg Reifferscheid – alle Walter Hanf, Hellenthal.

Harzheim, Gabriele, Markus Krause, Detlef Stender: Gewerbe- und Industriekultur in der Eifel. Touren zu Denkmälern, Landschaften und Museen. Köln, J. P. Bachem Verlag 2001.

Herzog, Harald: Burgen und Schlösser. Geschichte und Typologie der Adelssitze im Kreis Euskirchen, Rheinland-Verlag, Köln 1989.

Herzog, Monika: Architekturführer Vogelsang. Ein Rundgang durch die historisches Anlage im Nationalpark Eifel. Edition B 2007.

John, Hartmut (Hg.): Die Lust zu wohnen. Das Rote Haus in Monschau. Texte Anne Baghdady. Rheinisches Archiv und Museumsamt. Wienand Verlag. Köln 1998.

Lange, Sophie: Wo Göttinnen das Land beschützen. Edition nebenan 1995.

Lange, Sophie: Sagen der Kakushöhle. 1997.

Mahlberg-Gräper, Bruni, Jürgen Gräper: Unterwegs in Belgien. Grenz-Echo Verlag, Eupen 2004.

Pfeifer, Maria A., Gabriele Harzheim, Hans Georg Brunnemann: Kurze Wanderungen im Nationalpark Eifel. J. P. Bachem Verlag, Köln 2006.

Dies.: Wanderungen im Nationalpark Eifel. 4. Aufl., J. P. Bachem Verlag, Köln 2007.

Schmitz-Ehmke, Ruth, Barbara Fischer: Bau- und Kunstdenkmäler von Nordrhein-Westfalen, Band 9, Stadt Schleiden. Gebr. Mann Verlag Berlin 1998.

Schmitz-Ehmke, Ruth: Die Ordensburg Vogelsang – Architektur, Bauplastik, Ausstattung. Arbeitsheft der rheinischen Denkmalpflege 41, Rheinland-Verlag Köln, 2003.